文・絵
井上 憲雄

小学校学習漢字1006字がすべて読める漢字童話

本の泉社

はじめに

小学校一年生ではじめて漢字を習《なら》った時のことを覚《おぼ》えていますか。たいていの人は、うれしくてわくわくしながら読んだり書いたりしたのではないでしょうか。ところが、だんだん学年が進むにつれて、この一年生の時のやる気はなくなっていく人が多いようです。

三年生になると一年間で学習する漢字が二〇〇字もあり、毎日のように新しい漢字を覚《おぼ》えなくてはなりません。一つ一つの漢字の成《な》り立ちを勉強して深く学習すればまた意欲《いよく》も出てくるのでしょうが、なかなかそんな時間もありません。しかたなく、反復《はんぷく》練習とテストの繰《く》り返しで暗記《あんき》していくことになります。がんばって練習して、十問か二十問の小テストは合格点《ごうかく》をもらっても、学期のまとめのテストになるともう思い出せない漢字がいくつか出てきます。上の学年になるほど、これが積み重なっていき、だんだん漢字は苦手《にがて》だという人が増《ふ》えてくるようです。わたし自身《じしん》もそうでした。

こんなみなさんの悩《なや》みを解消《かいしょう》するために作ったのがこの本です。

この本では、一学年で学習することになっている漢字がすべて一つの童話《どうわ》のなかで使われています。欄外《らんがい》にその新出漢字の読み方がありますので、まだ習っていない四月の段階《だんかい》から読むことができます。何度も読んでいるうちに、その学年の漢字を自然《しぜん》にすべて覚えることができるのです。

もちろん、興味《きょうみ》が出てくれば次の学年の童話も読むことができるし、復習《ふくしゅう》のために一年生の童話から読むこともできます。低学年の人は、お家《うち》の人といっしょに読んでいけば、漢字を覚《おぼ》えるだけでなく、本を読む楽しみも味《あじ》わうことができると思います。

童話を読む楽しさと漢字を覚えることを同時に可能《かのう》にしたこの本がみなさんの学習活動に役に立つことを願《ねが》っています。

この本の使い方

一、この本では、各学年で学習する漢字を太字であらわしています。まだ習っていない漢字にはふりがなをつけています。

二、欄外に漢字の読み方を記してあります。同じ漢字が何度も出てきた場合は、最初に出てきた漢字のみを記しました。同じ漢字でも読み方がちがったり、別の漢字といっしょに使われている場合は、そのつど記しました。漢字の使い方の変化を覚えるのに役立ててください。

三、各学年の最後のページに、漢字一覧を入れました。本を読み終わってから、漢字を読めるかどうかのチェックにもご活用ください。

もくじ

もくじ

【1年生の漢字80字】

ダバラン王《おう》

むかしある国《くに》に、オボロン**王**というよくばりな**王**さまがいました。

オボロン**王**は、とてもりっぱなお城《しろ》にすんでいて、**町**や**村**の**人**たちからたくさんのお**金**やたべものをあつめていました。

だから、この国《くに》の**人**たちは、みんなかげでぶつぶつもんくをいっていました。やがて、みんなは、この**王**のことをオンボロ**王**とよぶようになりました。

このお城《しろ》のあるチロルという**町**に、**天**にもとどきそうなたかい**山**がありました。

この**山**のてっぺんには、ダバランという**名**まえ

王《おう》

町《まち》　**村**《むら》　**人**《ひと》　お**金**《かね》

天《てん》

山《やま》

名《な》まえ

のばけものがすんでいました。

　ダバランは**犬**のようなかおをして、け**糸**のようなふといかみをかたまでたらしていました。そして、よく**見**える**金**いろの**目玉**と、**白**い**貝**のようなじょうぶなつめをもっていました。

　ダバランは、**山**の**上**で**木**のみや**草**むらの**虫**をたべて、ひとりでくらしていましたが、**夕**がたになると、よく**町**へおりてきました。**子**どもたちとなかよくしたかったのです。

　きょうもダバランは、「いっしょにあそんでくれる**子**はいないかな。」とおもいながら**町**をあるいていました。でも、**町**の**人**たちは、

犬《いぬ》　け**糸**《いと》
見《み》える　**金**《きん》いろ
目玉《めだま》　**白**《しろ》い　**貝**《かい》
上《うえ》　**木**《き》　**草**《くさ》　**虫**《むし》
夕《ゆう》がた
子《こ》ども

「わあ、ダバランだ。早くにげろ！」

と、いって、右へ左へにげていきます。子どもたちは、いそいでうちの中に入ってかぎをかけてしまいます。

「やっぱり、きょうもおなじだ。みんなこわがってにげてしまう。ぼくは、ただみんなとあそびたいだけなのに。」

ダバランはひとりごとをいいながら、森や林をぬけて山の上へかえっていきました。

やがて、日がしずみ、月がのぼると、ダバランは大きないわにのぼって空を見上げて、

「ウオーッ！」

早《はや》い
右《みぎ》　左《ひだり》
中《なか》　入《はい》る
森《もり》　林《はやし》
日《ひ》　月《つき》
大《おお》きい　空《そら》
見《み》上《あ》げる

と、ほえました。それからこんどは、**山**の**下**の**田**んぼや**竹**やぶにむかって、かなしいさけびごえをあげました。

下《した》　**田**《た》んぼ
竹《たけ》やぶ

あるあさ、ダバランは、つよいかぜで**目**をさましました。

青かった**空**がきゅうにくもり、やがて**雨**がふり**出**しました。

その**雨**は、だんだんはげしくなりました。「これはふつうの**雨**じゃないぞ。」とダバランはおもい、りょう**足**を**左右**に**大**きくひらいて、**空**を**見上**げました。

すると、まっくろなくもが、もくもくと**円**をえがいておりてきたのです。

そのとき、ダダダダ、ゴーという**音**がダバランの**耳**にとどきました。

青《あお》　**雨**《あめ》
出《だ》す
足《あし》　**左右**《さゆう》
円《えん》
音《おと》
耳《みみ》

見ると、**町**のはんたいがわの**山**から、**水**がながれ**出**しているではありませんか。

　やがて、**水**は**川**になって、ふもとの**町**へながれていきます。その**川**は、一つ、二つ、三つ、**四**

水《みず》

川《かわ》

一《ひと》つ

二《ふた》つ

三《みっ》つ

四《よっ》つ

つとふえ、すぐに五つ、六つになりました。そのうちに、七つ、八つ、九つ、十と、どんどんふえていきます。

「このままでは、チロルの町があぶない。」

ダバランは、つぶやきながら、町の小学校のほうに目をやりました。子どもたちがとう校するところでした。早くとう校した子どもたちを先生がむかえています。

ダバランはころがるようにして、山をかけおりました。

川はいまにもあふれそうになっていました。

五《いつ》つ　六《むっ》つ
七《なな》つ　八《やっ》つ　九《ここの》つ
十《とお》
小学校《しょうがっこう》
とう校《こう》
先生《せんせい》

ダバランは、りょう**手**で**大**きな**石**をかかえて、**川**のふちにつんでいきました。**休**みなく、なん**百**

手《て》　**石**《いし》

休《やす》み　なん**百**《びゃく》

こもつんでいきました。

それを見た町の人たちは、

「おい、ダバランが町をまもろうとしているぞ。おれたちもやろう！」

といって、川のところへかけつけました。

男たちは、手おし車に土や石をのせてはこびました。女たちは、土でていぼうをかためていきました。ダバランは、山から土や石をほり出しました。

町をまもろうとする人たちは、どんどんふえて、なん十人、なん百人にもなりました。それでも雨は、はげしさをまし、いよいよ川の水は町におそいかかろうとするいきおいです。

男《おとこ》　手《て》おし車《ぐるま》

土《つち》　女《おんな》

なん十人《じゅうにん》

なん百人《びゃくにん》

お城《しろ》でこのようすを**見**ていたオボロン王はあわてました。

「たすけてくれ！　おれはおよげないんだ。」

そして、けらいにめいれいを**出**しました。

「いますぐ、この**町**を**出**るのだ。こんなところにいたら、お城《しろ》が**水**につかってしまう。さあ、**早**くしろ！」

オボロン王は、こういって、さっさと馬車《ば》にのりこみ、けらいといっしょに**町**を**出**ていってしまいました。

そうするうちにも、ていぼうづくりにくわわる**人**は、ますますふえて、**気**がつくと、**千人**をこえ

馬車《ばしゃ》

気《き》

千人《せんにん》

るほどにもなっていました。

ていぼうは、どんどんたかくなり、あふれそうになっていた水をくいとめることができました。

ついに、ダバランたちはみんなの力で、町をまもりぬいたのです。


よるになって雨がやむと、町の人たちは、みんなで火をかこんでよろこびあいました。

「これも、ダバランのおかげだ。本当《とう》にありがたい。」

町の人たちは、口ぐちにいいました。

それから、みんなで、王のいなくなったお城《しろ》に

力《ちから》
火《ひ》
本当《ほんとう》
口《くち》ぐち

入り、ごちそうをたべて、たのしい一ばんをすごしました。

つぎの年のはじめには、お城《しろ》の正面《めん》に、〈ダバラン王〉という文字をほった石のもんが立てられました。

そして、はるになると、お城《しろ》のまわりに赤いきれいな花がたくさんうえられました。

一《ひと》ばん

年《とし》　正面《しょうめん》

文字《もじ》　立《た》てる

赤《あか》い

花《はな》

ダバランがこのお城《しろ》にすむようになってから、この国の人たちは、もうだれも、もんくをいわなくなりました。

そして、ダバラン王が町へ出てくると、子どもたちはかけよって、いっしょにあそんだということです。

『ダバラン王』に出てくる漢字（一年生の学習漢字八〇字）

王
町
村
人
お金
天
山
名まえ
犬
け糸

見える
金いろ
目玉
白い
貝
上
木
草
虫
夕がた

子ども
早い
右
左
中
入る
森
林
日
月

大きい
空
見上げる
下
田んぼ
竹やぶ
青
雨
出す
足
左右
円

音
耳
水
川
一つ
二つ
三つ
四つ
五つ
六つ
七つ
八つ

九つ
十
小学校
とう校
先生
手
石
休み
なん百
男
手おし車
土

女

なん十人

なん百人

馬《ば》車

気

千人

力

火

本当《とう》

口ぐち

一《(ひと)》ばん

年

正面《めん》

文字

立てる

赤い

花

【2年生の漢字160字】

ぽん太《た》と海《うみ》の町《まち》

一

京都《と》市から北へ、電車で二時間ほど行った山のおくに、月見《つきみ》台というたぬきの村がありました。その村のはずれにぽん太《た》の家がありました。ぽん太《た》は七人家族《ぞく》でした。お父さんとお母さん、それにお兄さんとお姉さん、それから生まれたばかりの弟と妹がいました。

長い冬がおわり、この月見《つきみ》台の村にも、やっとおそい春がやってきました。雪もほとんどとけ、今はもう、谷に少しのこるだけになりました。

京都市《きょうとし》　北《きた》　電車《でんしゃ》
時間《じかん》　行《い》く
月見台《つきみだい》　家《いえ》
家族《かぞく》　お父《とう》さん
お母《かあ》さん
お兄《にい》さん
お姉《ねえ》さん　弟《おとうと》
妹《いもうと》　長《なが》い　冬《ふゆ》
春《はる》　雪《ゆき》
今《いま》　谷《たに》　少《すこ》し

よく**晴**れた**朝**のことです。ぽん太《た》は、小**鳥**の**鳴**き**声**でだれよりも早く目をさましました。きょうから、たぬき小学校の**新**学期《がっき》がはじまるのです。**八才**のぽん太《た》は、こんど三年生になります。早く学校へ**行**きたくてし**方**がありません。

「お**兄**ちゃん、お**姉**ちゃん、早くおきて！」

ぽん太《た》は一**番**におきてみんなをおこしました。

「ぽん太《た》は**元**気だなあ。」

お**父**さんが言いました。

「だって、ぼく学校が大すきだもん。それに**友**だちとあそぶの**楽**しいし。」

「じゃあ、勉《べん》**強**はどうだ。」

晴《は》れ　**朝**《あさ》　小**鳥**《ことり》

鳴《な》き**声**《ごえ》

新学期《しんがっき》

八才《はっさい》

し**方**《かた》ない

一**番**《いちばん》

元気《げんき》

言《い》う

友《とも》だち

楽《たの》しい

勉**強**《べんきょう》

「算数がすきだよ。でも、今年からはじまる理科や社会も楽しみだなあ。」

ぽん太《た》は、まっ黒な丸い目をくりくりさせて言いました。それを聞いていたお兄ちゃんが、言いました。

「ぼくは、図工がすきだな。絵をかいたり、工作をしたりするのが楽しいな。」

「わたしは、国語と音楽がいいな。本読みもすきだし、うちで日記を書くのも楽しいわ。それに歌うのも大すき。」

お姉ちゃんも言います。

みんなでこんな話をしていると、

算数《さんすう》　今年《ことし》
理科《りか》　社会《しゃかい》
まっ黒《くろ》　丸《まる》い
聞《き》く
図工《ずこう》　絵《え》　工作《こうさく》
国語《こくご》　音楽《おんがく》
本読《ほんよ》み　日記《にっき》
書《か》く　歌《うた》う
話《はなし》

「早く**顔**をあらって、**頭**と**体**の**毛**をとかしなさい。」

台所《どころ》のお**母**さんが言いました。

三人は、いそいで**顔**をあらい、いつもよりていねいに**茶色**の**毛**をとかしました。それからみんなで**朝**ごはんを**食**べました。

小さい**弟**と**妹**は、そのとなりでまだねむっています。

「**行**ってきます！」

三人は、うちをとび出しました。そして、小学校をめざしてぐんぐん**歩**いて**行**きました。

森の中の**道**を**通**って**野原**に出ると、**東**の空の**雲**

顔《かお》　**頭**《あたま》　**体**《からだ》　**毛**《け》

台所《だいどころ》

茶色《ちゃいろ》

食《た》べる

歩《ある》く

道《みち》　**通**《とお》る　**野原**《のはら》

東《ひがし》　**雲**《くも》　**間**《あいだ》　**黄色**《きいろ》

の間から、黄色い光が直線を引いたようにふりそそいできました。三人は、心がはずみ、思わず歌

光《ひかり》　直線《ちょくせん》　引《ひ》く
心《こころ》　思《おも》わず

を口ずさみました。
それからしばらく**行**くと、**遠**くに学校の**広場**が見えはじめました。もう**多**くの子どもたちが**来**ているようです。三人はとうとう**走**り出しました。
学校の**門**の**近**くまで**来**た**時**、
「ぽん太《た》、**元**気だったかい？」
というなつかしい**声**がしました。見ると、**友**だちのさんきちでした。
二人はひさしぶりに**会**えてうれしくて、うでを**組**んで**教室**へ入って**行**きました。
その**夜**、ぽん太《た》のうちは、大さわぎでした。
「お**母**さん、ぼくはこんな**絵**をかいたよ。」

遠《とお》く　**広場**《ひろば》
多《おお》く　**来**《く》る
走《はし》り出《だ》す
門《もん》　**近**《ちか》く　**時**《とき》
声《こえ》
会《あ》える
組《く》む　**教室**《きょうしつ》
夜《よる》

ぽん太《た》は、**画用紙**を**広**げて見せました。それは、**家**族《ぞく》みんなの**絵**でした。

「わあ、すごい。みんなよくにているね。」

お**母**さんは、うれしそうに言いました。

「それから、**体**そうの**時間**に、**馬**とびもやったよ。ぼくが一**番**うまいってほめられたんだ。」

ぽん太《た》はとくいそうに言いました。

「ぼくは、**三角形**をならったよ。」

と、お**兄**ちゃんが言いました。

「ほう、むずかしいことをならったなあ。」

お**父**さんがかんしんして言いました。

「わたしは、一**分間計算**の**答**えがぜんぶ**合**って

画用紙《がようし》　**広**《ひろ》げる

体《たい》そう　**馬**《うま》

三角形《さんかくけい》

一分間《いっぷんかん》　**計算**《けいさん》

いて、百点だったわ。」

お姉ちゃんもとくいそうです。

「わあ、すごいね。」

お米をあらいながら、お母さんがほめました。

二

それから一週間後の日曜日のことです。ぽん太《た》は、午前中ずっと、しゅくだいの弓矢を作っていました。太い木のえだを切って、小刀で細くけずりました。それから、鳥の羽をつけてりっぱな矢のかんせいです。ぽん太《た》は、「われながらうまく

答《こた》え　合《あ》う　百点《ひゃくてん》

米《こめ》

一週間後《いっしゅうかんご》

日曜日《にちようび》　午前《ごぜん》

弓矢《ゆみや》　太《ふと》い　切《き》る

小刀《こがたな》　細《ほそ》い　羽《はね》

できたな。」と思いました。

お昼すぎに、ぽん太《た》は、弓矢をもって、友だちのさんきちの家へあそびに行きました。

二人は近くの公園で走り回ってあそびました。それから池で魚をとってあそびました。二人とも、時間のたつのもわすれてあそんでいたのです。ふと気がつくと、もう南の空に星が光っていました。

「わあ、もう夜だ。早く帰らなくちゃ。」

ぽん太《た》は、こう言って、かけ出しました。

ぽん太《た》が家へ帰ってみると、戸があいたままになっていました。「戸をあけっぱなしにしてどうしたんだろう。」と思いながら中へ入りました。

昼《ひる》

公園《こうえん》　走《はし》り回《まわ》る

池《いけ》　魚《さかな》

南《みなみ》　星《ほし》　光《ひか》る

帰《かえ》る

戸《と》

ところが、中にはだれもいません。小さい**弟**も**妹**もいないのです。

「お**母**さん！　お**父**さん！」

よんでもへんじがありません。

「お**兄**ちゃん！　お**姉**ちゃん！」

やっぱりだれもいないようです。「みんなでどこかへ出かけたんだろうか。それとも、**何**かあったんだろうか。」と、ぽん太《た》は、**考**えました。**心**配《ぱい》になって、もう一度《いちど》**外**へ出てみました。でも、だれもいるようすはありません。ぽん太《た》は、**家**の**前**の大きな**岩**にのぼって、**遠**くを見わたしました。やはり、だれもいません。

何《なに》か　**考**《かんが》える　**心**配《しんぱい》　**外**《そと》　**前**《まえ》　**岩**《いわ》

「おうい！　みんなどこへ行ったんだ！」

ぽん太《た》はさけびました。こんどは、小高いおかにのぼってみました。

「お母さん！　お父さん！　どこにいるの！」

ぽん太《た》は力いっぱいさけびましたが、へんじはありません。ただ、遠くでオオカミの鳴き声が聞こえるだけでした。

ぽん太《た》はこわくなって家にもどり、内がわからかぎをかけました。

その夜、ぽん太《た》はなかなかねむれませんでした。

「朝になったら、きっと帰ってくるさ。」と、ぽん太《た》は自分に言い聞かせました。

小高《こだか》い
内《うち》がわ
自分《じぶん》

つぎの**朝**、ぽん太《た》は、**明**るくなるのをまって、**外**に出てみました。

やはり、だれもいません。「やっぱりだめだ。いったい、どうしたんだろう。」と、ぽん太《た》はかなしい気もちになりました。

午後になって、**弱**い雨がふりはじめました。

ぽん太《た》は、力なく**首**をたれて、**図工**の**時間**にかいた

明《あか》るい

午後《ごご》

弱《よわ》い

首《くび》

家族《ぞく》の**絵**をじっと見つめました。なみだがぽろぽろ出てきました。

しばらくして、**食**べかけのごはんを口に入れましたが、**半分**も**食**べることができませんでした。

三

それからというもの、ぽん太《た》は**毎**日**毎**日、**家**族《ぞく》をさがしました。村じゅうをさがし**回**りましたが、見つかりません。**知**り**合**いにもたずねてみました。でも、だれもすがたを見かけた人はいませんでした。

半分《はんぶん》

毎日《まいにち》

知《し》り**合**《あ》い

ぽん太《た》はだんだん**体**が**弱**っていきました。

そんな**時**、

「ぽん太《た》、しっかりごはんを**食**べないとだめだよ。」

と、なつかしいお**母**さんの**声**がしました。

「あっ、お**母**さん！　**帰**って**来**たんだね。」

ぽん太《た》は、さけんで手をのばしました。すると、お**母**さんはすうっときえてしまいました。

「あっ、ゆめだったのか。」

ぽん太《た》のむねはしめつけられるようにくるしくなりました。

それからしばらくして、ぽん太《た》はまたお**母**さんのゆめをみました。

「ぽん太《た》、お母さんたちは、海の見える山でくらしているんだよ。お前もおいで。」

お母さんはしずかに言いました。

「その山はどこにあるの？」

ぽん太《た》はさけびましたが、お母さんは何も言わずにきえてしまいました。

「そうだ。きっと何かわけがあって、ひっこしたんだ。よし、海の見える山をさがそう。」と、ぽん太《た》は思いました。

ひさしぶりに元気が出てきました。そして、もとの活発《ぱっ》なぽん太《た》にもどりました。ぽん太《た》は、い

海《うみ》

活発《かっぱつ》

くつも山をこえ、谷をこえて、海をさがしました。すると、古いお寺が見えてきました。やがていねや麦が風にほをゆらしているのも見えてきました。

夏がすぎ、やがて秋風がふくようになったある日のことです。

ぽん太《た》は、牛の鳴き声で、いそぐ足を止めました。

「もう人里が近いぞ。」

古《ふる》い　寺《てら》

麦《むぎ》

夏《なつ》　秋風《あきかぜ》

牛《うし》

止《と》める

人里《ひとざと》

と**思**ったぽん太《た》は、また、**細**い**道**をくだって**行**きました。

さらにすすんで**行**くと、大きな町に出ました。**広**い**道**がたてとよこに**交**差《さ》しています。いろいろなお**店**がたくさんあって、おいしそうなものが**売**られていました。

ぽん太《た》は、「これが学校でならった人**間**の町だな。」と**思**いました。

おなかがすいていたぽん太《た》は、はっぱの一**万**円さつを出して、お**肉**を**買**って**食**べました。

それから、**道**ぞいに**歩**いて**行**くと、大きな川に出ました。

交差《こうさ》
店《みせ》
売《う》る
人**間**《にんげん》
一**万**円《いちまんえん》
肉《にく》　**買**《か》う

「この川は、海につながっているはずだ。」こう**思**っ たぽん太《た》は、とまっていた**船**にさっとのりこみました。

　まもなく**船**は、日がしずみかけた**西**の**方角**へむかっ

船《ふね》

西《にし》
方角《ほうがく》

て、走り出しました。船の中に、人間の親子がのっていました。お母さんと子どもが楽しそうにお話をしています。

ぽん太《た》は、ものかげからそれを見ながら、「早くみんなに会いたいな。」と思いました。

四

やっと船は海の町へつきました。

ぽん太《た》は、船からとびおりると、海の近くの山をめざして力いっぱい走りました。

その時です。ゴーという地ひびきがしたかと思

親子《おやこ》
地《じ》ひびき

うと、大きな**汽車**がすごい音をたてて目の**前**を**通**りすぎました。
　ぽん太《た》は、びっくりしてしりもちをついてしまいました。こわくて足がふるえて**歩**けません。
「お**母**さん！　お**父**さん！　こわ

汽車《きしゃ》

いよ！」

ぽん太《た》は、線路《ろ》のそばで、さけびました。

すると、

「ぽん太《た》！」

という声が聞こえてきました。お母さんの声のようです。

「お母さん！」

ぽん太《た》は、力いっぱいさけびました。

こんどは、

「ぽん太《た》！」

という声といっしょに、たくさんの黒いかげがこちらへ近づいてきます。

線路《せんろ》

やがてはっきり**顔**が見えるようになりました。

「お**母**さん、お**父**さん。**本当**にお**母**さんだね。**本当**にお**父**さんだね。」

ぽん太《た》が言うと、お**母**さんも**同**じように、

「**本当**にぽん太《た》だね。」

と、**今**にもなきそうな**声**で言いました。

お**父**さんが、

「ぽん太《た》、**元**気だったかい？」

と、うれしそうに言いました。

「お**兄**ちゃん、お**姉**ちゃん。ぼくをむかえに山からおりてきてくれたんだね。」

ぽん太《た》は、二人の手をしっかりにぎって言いま

本当《ほんとう》　**同**《おな》じ

した。

それから、大きくなった二人の弟と妹をだきしめました。

「ぽん太《た》、ゆるしておくれ。お母さんたちは、あの日、オオカミにおそわれて、にげるしかなかったんだよ。何日も何日もにげ回った。そしてとうとうこの町までにげてきたんだ。でも、お前のことは一日もわすれたことはなかったよ。」

お母さんがなみだをふきながら言いました。

「でも、ちゃんとゆめに出てきてくれたよ。だから、ここがわかったんだ。」

ぽん太《た》が言うと、お母さんが、

何日《なんにち》

「お**母**さんも、お**前**がゆめに出てきて、ここへ
来ることがわかったんだよ。」
と、びっくりしたように言いました。
それから、七つの黒いかげは、ピョコピョコお
どりながら、
新しい山の
新しい家へ
帰って**行**き
ました。

新《あたら》しい

『ぽん太と海の町』に出てくる漢字

（二年生の学習漢字 一六〇字）

【一】
京都《と》市
北
電車
時間
行く
月見《つきみ》台
家
家族《ぞく》
お父さん

お母さん
お兄さん
お姉さん
弟
妹
長い
冬
春
雪
今

谷
少し
晴れ
朝
小鳥
鳴き声
新学期《がっき》
八才
し方ない
一番

元気
言う
友だち
楽しい
勉《べん》強
算数
今年
理科
社会
まっ黒

丸い
聞く
図工
絵
工作
国語
音楽
本読み
日記
書く
歌う
話

顔
頭
体
毛
台所《どころ》
茶色
食べる
歩く
道
通る
野原
東

雲
間
黄色
光
直線
引く
心
思わず
遠く
広場
多く
来る

走り出す
門
近く
時
声
会える
組む
教室
夜
画用紙
広げる
体そう

馬
三角形
一分間
計算
答え
合う
百点
米
【二】
一週間後
日曜日

午前
弓矢
太い
切る
小刀
細い
羽
昼
公園
走り回る
池
魚

南
星
光る
帰る
戸
何か
考える
心配《ぱい》
外
前
岩
小高い

内がわ
自分
明るい
午後
弱い
首
半分
【三】
毎日
知り合い
海

活発《ぱっ》
古い
寺
麦
夏
秋風
牛
止める
人里
交差《さ》
店
売る

人間
一万
肉
買う
船
西
方角
親子

【四】

地ひびき
汽車

線路《ろ》
本当
同じ
何日
新しい

【3年生の漢字200字】

悪魔《あくま》の島《しま》

第一章　地《じ》なし村のなぞ

これは今から七十年も**昔**、**昭和**のはじめのころのお話です。

本州のずっと北の山おくに、地なし村というさびしい村がありました。

その村の人たちは、とてもまずしくて、**苦**しいくらしをしていました。そのため、みんなつぎはぎだらけの**服**を**着**て、ひどい**身**なりをしていました。

それというのも、この村の中**央**には、大きな**湖**があり、**農業**をする土地がたりなかったのです。

食べ**物**にこまった村人たちは、魚をとろうとしました

第《だい》　**章**《しょう》

昔《むかし》　**昭和**《しょうわ》

本州《ほんしゅう》

苦《くる》しい

服《ふく》

着《き》る　**身**《み》なり

中**央**《ちゅうおう》　**湖**《みずうみ》

農業《のうぎょう》

食《た》べ**物**《もの》

が、どういうわけか、この**湖**には、一ぴきの魚もいませんでした。
　ある日、このまずしいくらしに**追**い**打**ちをかけるような出来**事**が**起**こりました。
　村のごさくのうちでかっていた**羊**がとつぜん**消**えてしまったのです。

追《お》い**打**《う》ち

出来事《できごと》　**起**《お》こる

羊《ひつじ》

消《き》える

さらに、それから一か月後、ごんべえのうちの羊も消えました。しばらくして、その横のそうすけのうちの羊も消えました。

「きっと、山の動物にやられたにちがいない。」

「でも、畑や庭はあらされていないし、血が流れた様子もないぞ。」

「それに、羊の死がいがないのはどういうわけだ？」

「せっかく育てた大切な羊なのに、いったい何者の仕業だろう？」

三人は顔を見合わせて考えました。

この村に春三《はるぞう》という十五才の少年がいました。

春三《はるぞう》のお父さんは、ちょっと前まで、村の区長をしたり、県のいろいろな委員会の役員や代表もしたりしてい

横《よこ》

動物《どうぶつ》

畑《はたけ》　庭《にわ》　血《ち》

流《なが》れる　様子《ようす》

死《し》がい

育《そだ》てる　何者《なにもの》

仕業《しわざ》

区長《くちょう》

県《けん》　委員会《いいんかい》　役員《やくいん》

ました。

ところが**去**年、とつぜん**急病**でたおれ、町の**病院**へ**運**ばれたのです。うでのよい**医者**のおかげで、**命**は**取**りとめましたが、それからずっと**薬**を手**放**せないくらしとなりました。そのため今では、すべての役をやめてしまったのです。

こんなことがあったせいか、お父さんは、春三《はるぞう》を**都**会の高**等**学校へやって、しっかり**勉**強させようと思うようになりました。

春三《はるぞう》は、ありがたいと思うと同時に、これが心の**重荷**にもなっていました。というのも、春三《はるぞう》は、この村でやりたいことがあったのです。

それは、村の**湖**を**調**べることでした。春三《はるぞう》が**湖**を**調**べ

代表《だいひょう》　**去**年《きょねん》　**急病**《きゅうびょう》　**病院**《びょういん》　**運**《はこ》ぶ　**医者**《いしゃ》　**命**《いのち》　**取**《と》りとめる　**薬**《くすり》　手**放**《てばな》す　**都**会《とかい》　高**等**学校《こうとうがっこう》　**勉**強《べんきょう》　**重荷**《おもに》　**調**《しら》べる

てみたいと思うようになったわけは二つあります。一つは、魚が一ぴきもいない湖なんてふつうではないと思っていたからです。もう一つは、この湖の真ん中に大きな島があり、この島は、〈悪魔《ま》の島〉とよばれていたからです。村人は、この島にだれ一人近づこうとしませんでした。春三《はるぞう》は、羊が次から次に消えていくわけもこの島を調べればわかるはずだと考えていたのです。

ある日のこと、春三《はるぞう》は、お父さんにたずねてみました。

「お父さん、あの島はなぜ〈悪魔《ま》の島〉とよばれるようになったのですか？　これまでにあの島に行った人はいないのですか？」

「なぜそんなことを聞くんだ。」

「ぼくは、あの島を調べてみたいと思っています。」

真《ま》ん中《なか》
島《しま》　悪魔《あくま》
次《つぎ》

「ばかなことを言うな。そんなことをしたら、みんなが不幸《ふ》になってしまう。」

「なぜ、みんなが不幸《ふ》になるのですか？　どんな理由があるのですか？」

春三《はるぞう》が問いつめると、お父さんはようやく、重い口を開きました。そしてこんな話を始めたのです。

「あの島には悪魔《ま》が住んでいる。実は、お

不幸《ふこう》
理由《りゆう》
問《と》う
重《おも》い　開《ひら》く
始《はじ》める
住《す》む　実《じつ》は

父さんが子どものころ、**島**へ行った人が一人だけいた。でも、その人は、**島**からもどってすぐに**死**んでしまった。**島**で何があったか一言も言わなかったそうだ。それから、家**族**みんなが原因不明《げんいんふめい》の**病**気になってしまった。こんなことがあってから、あの**島**は、〈悪魔《ま》の**島**〉とよばれるようになったのだ。だから、**島**へはぜったいに近づいてはいけない。いいな。」

お父さんは、こう言って、**深**いため**息**をつきました。

第二章　春三《はるぞう》の挑戦《ちょうせん》

春三《はるぞう》は、お父さんのこの話を聞いて、せすじが**寒**くなりました。しかし、あの**島**へ行ってみたいという思いは

家**族**《かぞく》　**病**気《びょうき》

深《ふか》い　**息**《いき》

寒《さむ》い

ますます強くなりました。

その夜、春三《はるぞう》は、お父さんからもらった一さつの**童話**の本を**箱**の中から**取**り出しました。それはお父さんが**旅**行で京**都**へ行った時、とまった**旅館**で買ってきてくれた本でした。『**太平洋**の**島**』という**題**名のついたその本は、**島**の**港**をぶたいにしたお話でした。

春三《はるぞう》は、その本を読みながら、**湖**の中の**島**の**様**子をいろいろと**想**像《ぞう》しました。そしてどんなきけんがあるかを**予想**してみました。

よく朝、春三《はるぞう》は、いつもより早く**起**きて、台所にあったお**皿**の**豆**をつまみながら、**島**へわたる方法《ほうほう》を考えました。

島まではかなりのきょりがあります。とても**泳**いで行

童話《どうわ》
箱《はこ**》 旅行《りょこう》
京都《きょうと》 旅館《りょかん》
太平洋《たいへいよう》 題名《だいめい》
港《みなと》
想像《そうぞう》
予想《よそう》
台所《だいどころ》
皿《さら》 豆《まめ》
泳《およ》ぐ

けそうにはありません。「あそこまで行くには、いかだを作るしかない。でも、水の流れはないし波もない。いかだを作ったとしても、島までたどり着けるだろうか。」春三《はるぞう》は、心の中でつぶやきました。

でも、いくら考えても、他によい方法はなさそうです。

「よし、とにかくいかだを作ってみよう。」こう決心した春三《はるぞう》は、まず、使えそうな柱や板を倉庫《そう》から出してきました。それから山に登って、落ちている木のえだを拾い集めました。

次にひつような道具を整えるために、のこぎりとなたを一丁ずつ出してきました。そして手の皮が真っ赤になるまで歯をといで、油をぬっておきました。

波《なみ》　着《つ》く　他《ほか》　決心《けっしん》　使《つか》う　柱《はしら》　板《いた》　倉庫《そうこ》　登《のぼ》る　落《お》ちる　拾《ひろ》う　集《あつ》める　道具《どうぐ》　整《ととの》える　一丁《いっちょう》　皮《かわ》　歯《は》　油《あぶら》

それから、まだどんなものがひつようかを考えました。それに、「まず、いかだを組むためのなわがいる。それから、劇《げき》じょうぶなひももあった方がいい。あっ、それから、薬を買っておこう。何かにおそわれるようなことがあったら、身を守るために、相手に大やけどを負わせることのできる物を持っていた方がいい。そうそう、助けをよぶための笛も持っている方がいいな。」

春三《はるぞう》は、一人でぶつぶつ言いながら、ひつような物を筆で手帳に書きこんで表にしていきました。

こんなふうにして、毎日毎日、島へ出発するじゅんびを進めたり、島へわたる方法《ほうほう》を研究したりしたのです。

そんなある日、春三《はるぞう》がいかだを作っている所へ、友だちの金太《きんた》がたずねてきました。これまでよくいっしょに

劇薬《げきやく》
守《まも》る　相手《あいて》
負《お》わせる　持《も》つ
助《たす》ける　笛《ふえ》
筆《ふで》　手帳《てちょう》　表《ひょう》
出発《しゅっぱつ》
進《すす》める　研究《けんきゅう》
所《ところ》

遊んでいたのに、このごろ**全**く**遊**ばなくなったため、**病**気でもしているのではないかと心**配**してやって来たのです。

春三《はるぞう》は、自分が考えていることを金太《きんた》に話して、**意見**を聞いてみることにしました。春三《はるぞう》の話が**全部終**わらないうちに、金太《きんた》は、パチンと**指**を鳴らして言いました。

「おもしろい！　おれも手つだうよ。いっしょにやろう！」

「えっ！　本当か金太《きんた》**君**。**君**もやってくれるか！」

春三《はるぞう》は、声を強めて言いました。心強い**味**方ができたことがとてもうれしかったのです。

二人は、夕方まで話し合いました。あたりが**暗**くなると、**豆**電**球**をたよりに、二**階**の**屋根**うら**部屋**へ行きまし

遊《あそ》ぶ　**全**《まった》く
心**配**《しんぱい》
意見《いけん》
全部《ぜんぶ》　**終**《お》わる
指《ゆび》
○○**君**《くん》　**君**《きみ》
味方《みかた》
暗《くら》い
豆電球《まめでんきゅう》　二**階**《にかい》　**屋根**《やね》

た。そして**炭**をおこして**両手**を**温**めながら、**相談**しました。

気がつくとだいぶおそくなっていました。それで二人は、今後の**予定**とそれぞれの**係**を**決**めてわかれることにしました。

金太《きんた》をとちゅうまで**送**りながら、春三《はるぞう》は言いました。

「おれは、ひつような**品物**をもう一**度**考えてみる。**君**は、いかだを作ることといかだに**乗**る**練習**をする計画を立ててくれないか。」

「よし、わかった。そうしよう。」

こんな話をしながら、二人は、**坂**の上の**曲**がり角まで歩きました。そこで春三《はるぞう》は、金太《きんた》に**礼**を言って、予定を**写**した紙切れをわたしてわかれました。

部屋《へや》　**炭**《すみ》　**両手**《りょうて》
温《あたた》める　**相談**《そうだん》
予定《よてい》　**係**《かかり》　**決**《き》める
送《おく》る
品物《しなもの》　一**度**《いちど》
乗《の》る　**練習**《れんしゅう》
坂《さか》　**曲**《ま》がり角《かど》
礼《れい》
写《うつ》す

それからしばらくしたある日、春三《はるぞう》は、金太《きんた》をさそって、町へ買い**物**に行くことにしました。

二人は、**駅**まで自**転**車で行きました。二人ともわくわくしているせいか、ペダルが**軽**く、長いきょりが、今日はとても**短**く**感**じられました。

二人は、**駅**に自**転**車をおいて、少し**待**ってから**列**車に**乗**りました。**乗客**はま

駅《えき》
自《じ》**転**《てん》車《しゃ》
軽《かる》い
短《みじか》い
感《かん》じる
待《ま》つ　**列**《れっ》車《しゃ》
乗客《じょうきゃく》

ばらでした。二人とも**旅**にでも出るような気分で、**列**車のまどから、変《へん》**化**するけしきをながめていました。

山は**緑**と赤や黄色にそまった**葉**がまざり合って、秋の**陽**にかがやいていました。その紅《こう》**葉**のなかに、秋**祭**りののぼりやお**宮**の鳥居《とりい》がちらちらと見えました。

列車が**鉄橋**をわたる時、水**面**に紅《こう》**葉**がうつり、その**美**しさは二**倍**になりました。春三《はるぞう》は、いつか本で読んだ秋をうたった**詩**を思い出していました。

町へ**着**くと、二人は、いろいろな**商**店をまわってみました。そして手**帳**を見ながら、ひつような**品物**を買っていきました。さい後に**薬局**へ行き、**注**文していた**薬品**をもらって帰りました。それはものをとかしてしまう劇《げき》**薬**でした。

旅《たび》
変**化**《へんか》
緑《みどり》　**葉**《は》
陽《ひ》　紅**葉**《こうよう》　秋**祭**《あきまつ》り
お**宮**《みや》
鉄橋《てっきょう》　水**面**《すいめん》　**美**《うつく》しさ
二**倍**《にばい》
詩《し》
商店《しょうてん》
薬局《やっきょく》　**注**文《ちゅうもん》　**薬品**《やくひん》

第三章　恐怖《きょうふ》の島

いよいよ島へ出発する日が来ました。二人は、まだ暗いうちに、村の神社に集合しました。そして、本殿《ほんでん》に酒をそなえて、安全に島へわたれるように、また、無事《ぶ》に帰って来られるようにおねがいしました。

「金太《きんた》君、ありがとう。君のおかげで、短い期間でじゅんびをすることができた。」

「いや、おれの方こそ、とても楽しかったよ。」

こう言うと金太《きんた》は、〈幸福号〉と漢字で書いた紙を取り出しました。

「おれは、きのう一日考えたんだが、いかだの名前を

神社《じんじゃ》　集合《しゅうごう》　酒《さけ》

安全《あんぜん》　無事《ぶじ》

期間《きかん》

幸福《こうふく》　号《ごう》　漢字《かんじ》

〈**幸福号**〉にしてはどうかと思うんだ。」

「それはいい。この村を**幸福**にするいかだということだな。」

「うん。そうだ。」

「いい名前だ。ありがとう。」

それから二人は、お**酒**の**代**わりにお**湯**を一ぱいちゃわんに入れて**飲**み、**幸運**を

代《か》わり　**湯**《ゆ》

飲《の》む　**幸運**《こううん》

いのりました。

やがて朝日が**湖**をてらし出したころ、二人は、**島**へ**向**けていかだをこぎ出しました。**練習**のかいあって、いかだはだんだん**速**さをましていきました。

「これなら、思ったより早く**着**けそうだな。」

「うん。昼までに**島**に上がれそうだ。」

反対がわでこいでいた金太《きんた》の声もはずんでいました。

この時、二人を**待**ち**受**けているものがどんなにおそろしいものかとも知らずに、春三《はるぞう》と金太《きんた》は**島**へと**急**いだのです。

秋の太**陽**がまぶしくかがやき、**暑**く**感**じられるほどになったころ、**岸**が見えてきました。やがて、**島**のけしきもはっきり見えるようになりました。

向《む》ける　**速**《はや》さ　**反対**《はんたい》　**待**《ま》ち**受**《う》ける　**急**《いそ》ぐ　**太陽**《たいよう》　**暑**《あつ》い　**岸**《きし》

「とうとう、着いたぞ！」

春三《はるぞう》が大声で言いました。

二人は、〈幸福号〉を岸に引き上げ、おそるおそる島へ上がっていきました。なんだか別《べっ》世界に来たような気がしてきました。はえてい

世界《せかい》

る**植物**も見なれないものばかりです。

「どこにも道はない。」

金太《きんた》が言いました。

「うん。やはり、だれも**住**んでいないようだ。」

今度は、春三《はるぞう》が言いました。しばらくして、金太《きんた》が大声で言いました。

「おい、これは水**路**じゃないか。」

二人は、この水**路**にそって森へ入ってみることにしました。森の中は、水**路**が何**列**にもなって**流**れていました。どれくらい**進**んだのでしょうか。とつぜん、目の前に大きな黒い山があらわれました。

「何だあれは？」

金太《きんた》が声をおしころして言いました。よく見ると、木

植物《しょくぶつ》　**今度**《こんど》　水**路**《すいろ》　**列**《れつ》

のえだで作った山でした。

「あの中に何かいるにちがいない。」

春三《はるぞう》が言いました。金太《きんた》もうなづきました。

もう引き**返**すことはできません。二人は、木かげにかくれて、その山を見はることにしました。

やがて日は**落**ち、あたりは**暗**くなりました。二人は、そこで野**宿**するしかありませんでした。二人とも、昼のつかれですぐにねむってしまいました。

夜明けが近くなったころ、さわがしい声で春三《はるぞう》は目をさましました。

「おい、**起**きろ。だれかいるぞ。」

春三《はるぞう》が金太《きんた》を**起**こしました。

「わあ、だれだ!」

返《かえ》す

野**宿**《のじゅく》

金太《きんた》が**悲**鳴をあげました。

まだ**真**っ**暗**で何も見えません。ただ、話し声だけが聞こえています。へんなにおいもしてきました。

「わあ、**助**けてくれ！」

とつぜん、金太《きんた》がさけびました。**鼻**に**氷**のようにつめたいものがさわったのです。

そのうち、ぼんやりとあたりが見えてきました。

その時、二人の目にしんじられないようなものがうつりました。二人を**取**りまいていたのは何十ぴきものカッパだったのです。二人は、ゆめを見ているのではないかと思いました。でも、ゆめではありません。この**島**の**主**はカッパだったのです。そして、目の前の黒い山は、カッパの**住**みかだったのです。

悲鳴《ひめい》　**真**っ**暗**《まっくら》　**鼻**《はな》　**氷**《こおり》　**主**《ぬし》

その時、一ぴきのカッパが言いました。
「何しにこの**島**へ来た？」

「人間の言葉をしゃべれるのか。」と春三《はるぞう》は思いました。

「この湖にはなぜ魚がいないのか、村の羊はどうなったのかをさぐりに来たんだ。」

「この森のおくに、島の守り神がいる。その神にそなえるために魚はみんなおれたちがとった。」

「じゃあ羊はどうした?」

「魚がたりなくなったから、今度は羊をそなえたのだ。」

「村の羊がみんないなくなったらどうするつもりだ?」

金太《きんた》がたずねました。

「お前たちをそなえるのさ。」

カッパは言って、いきなり二人をおさえつけました。

言葉《ことば》

守り神《まもりがみ》

「おい、やめろ！」

春三《はるぞう》も金太《きんた》も力いっぱいていこうしましたが、むだでした。

「金太《きんた》君、申しわけない。おれがさそったばっかりに、こんなことになってしまった。ゆるしてくれ。」

「何を言うんだ。おれの方からいっしょにやりたいって言ったんだ。お前があやまることはない。」

金太《きんた》は、春三《はるぞう》をなぐさめるように言いました。

その時、水路の水が大きく波立ちました。そして、二人の目の前に大蛇《じゃ》が大きな口をあけてせまって来たのです。二十メートルをこえるような大蛇《じゃ》です。

「神様！　この二人をどうぞおめしあがりください！」

一ぴきのカッパがさけびました。

申《もう》す

神様《かみさま》

大蛇《じゃ》が、**銀**色のはらを見せて、二人におそいかかろうとしたその時、春三《はるぞう》は、ポケットから**取**り出した劇《げき》**薬**を

銀色《ぎんいろ》

大蛇《じゃ》の口の中へ**投**げこみました。

「ギャー、ゴー！」

というものすごいさけび声とともに、大蛇《じゃ》は体をくねらせて**苦**しみ、そのまま水**路**へ**消**えていきました。同時に、**島全**体がぐらぐらとゆれました。

地震《じしん》です。それも最《さい》大**級**の大地震《じしん》が**起**きたのです。**次**の瞬間《しゅんかん》、**湖**の底《そこ》がわれ、水はそのわれ目にすいこまれていきました。

ゆれがおさまった時、**島**には二人しかいませんでした。大蛇《じゃ》もカッパもみんな水といっしょに**消**えてしまったのです。

二人は、水がなくなった**湖**の底《そこ》を歩いて村へ**向**かいました。

投《な》げる　**全**体《ぜんたい》　**級**《きゅう》

「春三《はるぞう》君、よく、あの劇薬《げき》のことを思い出したものだな。」

「うん、もう一秒でもおそかったら、今ごろおれたちは、大蛇《じゃ》のはらの中だ。本当にきせきだなあ。」

「お前は悪魔《ま》と対決して勝ったんだ。」

「いや、おれが勝ったんじゃない。おれたちが勝ったんだよ。」

春三《はるぞう》は、わらいながら言いました。

二人は、春三《はるぞう》のお父さんと村人たちに、心配かけたことをあやまり、島で見たことをみんな話しました。

村人たちは、水がなくなった湖を畑にして、作物をたくさん作るようになりました。

一年後には、みんなで相談して、村の名前を〈地《じ》なし

一秒《いちびょう》
対決《たいけつ》　勝《か》つ
作物《さくもつ》

村〉から〈地《じ》**有**り村〉とかえることにしました。そして
この新しい村の名前をいわう**式**を盛《せい》大におこなったとい
うことです。

有《あ》る
式《しき》

『悪魔の島』に出てくる漢字
（三年生の学習漢字二〇〇字）

【第一章】
第
章
昔
昭和
本州
苦しい
服
着る
身なり
中央
湖
農業
食べ物
追い打ち
出来事
起こる
羊
消える
横
動物
畑
庭
血
流れる
様子
死がい
育てる
何者
仕業
区長
県
委員会
役員
代表
去年
急病
病院
運ぶ
医者
命
取る
薬
手放す
都会
高等学校
勉強
重荷
調べる
真ん中
島
悪魔《ま》
次
不《ふ》幸
理由
問う
重い
開く
始める
住む
実は
家族
病気
深い
息
【第二章】
寒い
童話
箱
旅行
京都
旅館
太平洋
題名

港
想像《ぞう》
予想
台所
皿
豆
泳ぐ
波
着く
他
決心
使う
柱
板

倉《そう》庫
登る
落ちる
拾う
集める
道具
整える
一丁
皮
歯
油
劇《げき》薬
守る
相手

負わせる
持つ
助ける
笛
筆
手帳
表
出発
進める
研究
所
遊ぶ
全く
心配

意見
全部
終わる
指
○○君（くん）
君（きみ）
味方
暗い
豆電球
二階
屋根
部屋
炭
両手

温める
相談
予定
係
決める
送る
品物
一度
乗る
練習
坂
曲がり角
礼
写す

駅
自転車
軽い
短い
感じる
待つ
列車
乗客
旅
変化
緑
葉
陽
紅《こう》葉

秋祭り
お宮
鉄橋
水面
美しさ
二倍
詩
商店
薬局
注文
薬品

【第三章】

神社

集合
酒
安全
無事《ぶ》
期間
幸福
号
漢字
代わり
湯
飲む
幸運
向ける
速さ

反対
受ける
急ぐ
太陽
暑い
岸
世界
植物
今度
水路
列
返す
野宿
悲鳴

真っ暗
鼻
氷
主
言葉
守り神
申す
神様
銀色
投げる
全体
級
一秒
対決

勝つ
作物
有る
式

【4年生の漢字200字】

地《ち》球《きゅう》を救《すく》え

第一章　二十世紀への旅

二十世紀の末から地球上の各地で自然破壊《はかい》が進み、南極にできたオゾンホールも広がっていきました。そして、二十一世紀の中ごろになると、世界中に戦争が広がり、各国は競って新兵器を開発するための実験を行いました。

そのため、水も空気もよごれ、ついに地球は、大量の毒で満ちあふれるまでになりました。気が付いた時には、多くの人が健康を害し、世界中の人々が次々に死んでいったのです。

生き残った人々は、最後の試みとして、海の中に海底都市を作りました。そして、今日まで何とか生きのびる

世紀《せいき》　末《すえ》　各地《かくら》
自然《しぜん》　南極《なんきょく》
戦争《せんそう》
競《きそ》う　兵器《へいき》　実験《じっけん》
大量《たいりょう》
毒《どく》　満《み》ちる　付《つ》く
健康《けんこう》　害《がい》する
残《のこ》る　最後《さいご》　試《こころ》み
海底《かいてい》

ことができたのです。

しかし、その海**底**都市も古くなり、すべての**建物**を**建**てかえなければならない時期になっていました。

その上、太陽も**照**らず、**季節**の**変化**のない海**底**での生活は、人々から**笑**いをうばい、**労働**意よくを**失**わせました。また、多くの人は**無**気力になり、**胃**や**腸**を悪く

建物《たてもの》　**建**《た》てる

照《て》る

季節《きせつ》　**変化**《へんか》

笑《わら》い

労働《ろうどう》

失《うしな》う

無気力《むきりょく》

胃《い》　**腸**《ちょう》

しました。
　大西《おおにし》**博士**は、
以前から平和
を**求**め、**軍隊**
は**不要**という
考え方を**唱**え
てきました。
　そして人**類**を
救うために、
こつこつと研
究を**積**み重ね
てきたのです。
「ドクター

博士《はくし》
以前《いぜん》
求《もと》める
軍隊《ぐんたい》
不要《ふよう》
唱《とな》える
人**類**《じんるい》
救《すく》う
積《つ》む

大西《おおにし》、いよいよ**完成**ですか?」

　助手のケリーがたずねると、**最**後の点検《けん》をしていたドクターは、手を休めて答えました。

「**喜**べ! ケリー君。とうとうやったぞ。**改良**に**改良**を重ねてついに**完成**だ。」

「とうとうやりましたね、ドクター! この**機械**さえあれば、**必**ず人**類**は助かります。」

「これまで、**連**邦《ぽう》政《せい》**府**は、毎年何**兆**円、いや何十**兆**円も**軍**事**費**に使い、平和を**願**う国**民**の**要求**には耳をかたむけなかった。」

　ドクターは、**残念**そうに言いました。

「でも、ドクターの**努**力と苦**労**がついに、この**成功**に**結**び**付**いたのです。そして、人**類**の**未**来を切り開いたの

完成《かんせい》
喜《よろこ》ぶ　**改良**《かいりょう》
機械《きかい》
必《かなら》ず
連邦《れんぽう》　政**府**《せいふ》　**兆**《ちょう》
軍事**費**《ぐんじひ》　**願**《ねが》う　国**民**《こくみん》
要求《ようきゅう》
残念《ざんねん》
努力《どりょく》　苦**労**《くろう》　**成功**《せいこう》
結《むす》び**付**《つ》く　**未**来《みらい》

です。」

ケリーは、**大西《おおにし》氏**の両手を**固**くにぎりしめて言いました。

「ありがとう。しかし、人**類**がもう少し早くこのおろかさに気**付**いていれば、こんなものを作らなくても、何**億**人もの命が助かったはずだが…。」

ドクターは、**鏡**の前で白**衣**をぬぎながら、**静**かに言いました。

「それはドクターのせいではありません。**連**邦《ぽう》の**官**僚《りょう》や大**臣**が悪いのです。何の反**省**もなく、目先の**利**益《えき》しか考えない政《せい》**治**家が悪いのです。」

ケリーは、ドクターを**説得**するような**熱**い口調で言いました。

氏《し》　**固**《かた》い

億《おく》

鏡《かがみ》　白**衣**《はくい》　**静**《しず》か

官僚《かんりょう》

大**臣**《だいじん》　反**省**《はんせい》　**利**益《りえき》

政**治**家《せいじか》

説得《せっとく》　**熱**《あつ》い

「わかった、わかった。とにかく、マシーンが**完成**したんだ。お**祝**いをしよう。わたしは、シャワーを**浴**びてくるから、**料**理の用意をしておいてくれないか。」

「はい、わかりました、ドクター。」

ケリーはそう言うと、食**堂**へ行き、**冷**蔵《ぞう》庫からソーセージを取り出して**塩**をふりかけて**焼**き始めました。それから、**倉**庫からテーブルを出して、その上にソーセージとワインを**置**きました。そしてそのわきに一**輪**のドライフラワーをかざりました。

その時です。ゴーというごう音と**共**にテーブルはたおれ、食**器**も花びんも**飛**び**散**って、**粉**ごなにくだけました。

「わあ、地しんだ！　ドクター、早く！　早くマシーンを使いましょう。」

お**祝**《いわ》い　**浴**《あ》びる
料理《りょうり》
食**堂**《しょくどう》　**冷**蔵庫《れいぞうこ》
塩《しお》　**焼**《や》く
倉庫《そうこ》
置《お》く　一**輪**《いちりん》
共《とも》
食**器**《しょっき》　**飛**《と》び**散**《ち》る　**粉**《こな》

ケリーは、よろけながらマシーンの中へ入りました。

「よし、わかったすぐ行く。」

身を**低**くして、シャワールームから出てきたドクターは、ゆれがおさまるのを待って、マシーンに乗りこみました。

「さあ、いよいよこのマシーンを**試**す時が来た。」

「ドクター。いつの時代へ行くのですか?」

「百年前だ。」

「というと、一九六〇年ですね。」

「そうだ。一九六〇年までもどれば、やり直せる。」

「つまり、**歴史**を**変**えてしまうのですね。」

「やってはならないことだが、今となっては仕方がない。」

低《ひく》い

試《ため》す

歴史《れきし》

変《か》える

二人はこんなことを話しながら、タイムマシーンの**席**に着きました。

「よし、じゃあ出発だ！」

ドクターがスイッチをおすと、ボーという音と**共**に、直**径**二メートルほどの円形の小さなマシーンは、真っ赤な火に**包**まれ、やがて**静**かに消えていきました。

席《せき》

直径《ちょっけい》

包《つつ》む

第二章　出会い

マシーンの中でねむり続けていた二人は、ガタガタという大きなゆれで目を覚ましました。周囲がだんだん明るくなり、やがてマシーンは停止しました。

二人は、小さなまどから、外の様子を観察しました。遠くに山脈が連なっているのが見えました。その時、日本語と英語のアナウンスが聞こえてきました。

そしてしばらくすると、小型の飛行機が着陸するのが見えました。反対側のまどからのぞくと、貨物を運ぶ車が見えました。

「ドクター。あれは日南《にちなん》航空の飛行機です。どこかの

続《つづ》ける
覚《さ》ます　周囲《しゅうい》
停止《ていし》
観察《かんさつ》
山脈《さんみゃく》　連《つら》なる
英語《えいご》
小型《こがた》　飛行機《ひこうき》
着陸《ちゃくりく》　反対側《はんたいがわ》
貨物《かもつ》
航空《こうくう》

空港のようですね。」

「うん。そのようだ。しかし、どうもマシーンの調子がおかしい。時代をまちがえたかもしれない。」

「じゃあ、たしかめに行きましょう。幸いここなら、マシーンが見つかることはありません。」

二人は、そっとマシーンを出て、**標**識《しき》を見ながら、ターミナルビルの**案**内カウンターへ行きました。

「ああ、やっぱりまちがえた。見たまえ。〈二〇〇〇年八月三日〉となっている。四十年も時代をまちがえてしまった。もう、水も空気もだいぶよごれているだろう。」

ドクターが声をひそめて言いました。

「でも、今から何とかすれば、人**類**は助かるのではないですか。とにかく調べてみましょう。」

標識《ひょうしき》
案内《あんない》

「そうだな。あきらめるのはまだ早いか。」

二人は、レンタカーを**借**りて、海へ向かいました。

小さな**街**を通りすぎてしばらく行くと、やがて海**辺**の道に出ました。なつかしい**景**色でした。

「ケリー。ここに見**覚**えはないかい？」

「もしかすると、ここは海**底**都市ができるまで、わたしたちが住んでいた町ではないですか？」

「そうだよ。ほら、あれをごらん。『村《むら》田《た》**郡**　東谷《ひがしたに》郵《ゆう》**便**局』と書いてあるだろ。」

「あっ、本当だ。ここは、六十年前のわたしたちの町ですね。」

二人は車をおりて、海の方へ歩き出しました。

しばらく行くと、向こうから一人の青年が歩いてきま

借《か》りる
街《まち》　海**辺**《うみべ》
景色《けしき》
見**覚**《みおぼ》え
郡《ぐん》　郵**便**局《ゆうびんきょく》

した。二人は、その青年の顔を見て、目を丸くしました。

「あっ！　わたしににている。」

ケリーは、声をふるわせました。

「君のおじいさんじゃないか。」

「えっ、わたしのおじいさん。」

「そうだ。君のおじいさんだ。何ていう名だ？」

「わたしのおじいさんは、ケラーです。田中ケラーです。聞いてみます。」

ケリーはこう言うと、青年に近づいて行きました。

「あの、田中ケラーさんではありませんか？」

「ああ、そうだ。でもなぜおれを知っているんだ。」

青年は、**不思議**そうな顔で言いました。

「**信**じられないかもしれないけど、あなたはわたしのおじいさんです。わたしたちは、**人類**を**救**うために、**未来**からやって来たのです。」

不思議《ふしぎ》
信《しん》じる

「**未来**！」

青年は、声をはりあげました。

「しっ！　そうです。二〇六〇年から来たのです。わたしの名前は、田中ケリー。そして、あなたは、わたしのおじいさんなのです。」

「えっ。じゃあ君は、おれの**孫**というわけ。おれは君のおじいさん。そんなばかな！」

「うそじゃありません、おじいさん。わたしとあなたはそういう**関係**なのです。」

「うわあ！　ショック。それじゃあ、この**老人**は。」

「この方は、大西《おおにし》**博士**です。タイムマシーンを作られた方です。実は、マシーンの調子が悪くて、予定より新しい時代に来てしまったのです。」

孫《まご》

関係《かんけい》

老人《ろうじん》

「あなたに一つ聞きたいのだが、今、この海で魚がとれるのかな?」

ドクターがたずねました。

「あの海の水を見てみな。この**辺**一**帯**とても魚が住める海じゃあない。」

「いつごろからこんなことに?」

青年はうでを組んでちょっと考えてから言いました。

「おれの父は、うでのいい**漁**師《し》だった。いろんな**種類**の魚を自由にとった。それはまさに、名人**芸**だったよ。そして家族を**養**ってくれた。おれは父のような**漁**師《し》になりたかった。でも、だんだん魚がとれなくなって、おれが高校を**卒**業したころには、もうだれも**漁**をしなくなった。今**残**っているのは、家にある大**漁旗**とあそこの**灯**台

辺《へん》　一**帯**《いったい》
漁師《りょうし》　**種類**《しゅるい》
名人**芸**《めいじんげい》
養《やしな》う
卒業《そつぎょう》　**漁**《りょう》
大**漁旗**《たいりょうき》　**灯**台《とうだい》

だけさ。」

「ここの漁業は政治《せい》家に見すてられたのですね。」

漁業《ぎょぎょう》

「そうさ。おれ**達**の意見を聞いてくれる**候**補《ほ》者はいたが、**票**を集めることができず、いつも**選挙**で**敗**れてしまった。」

「ドクター。やはり、おそすぎましたね。もう一度マシーンで一九六〇年に行きましょう。」

「そうだな。その前に、マシーンを修《しゅう》理しなければならないが。」

二人が、**別**れを**告**げると、

「ケリー、がんばるんだぞ。」

と、ケリーのかたをポンとたたいて、青年は歩き出しました。それから、ふり返って、

「もう一度きれいな海を取りもどしてくれ。たのむぞ。」

おれ**達**《たち》　**候**補者《こうほしゃ》　**票**《ひょう》

選挙《せんきょ》　**敗**《やぶ》れる

別《わか》れ　**告**《つ》げる

と、つけ**加**えてにっこり**笑**いました。
その**笑顔**がとても**印象的**でした。

第三章　まずしい村

「ドクター、起きてください。着いたようです。」

「おっ、そうか。今度はだいじょうぶか。」

ドクターは、少し**不安**そうに言いました。

「きっと、だいじょうぶです。ほら、見てください。

山も川もとてもきれいです。」

「そうだな。外に出てみよう。」

「わあ、空気がおいしい。」

ケリーは、両手を力いっぱいのばしながら言いました。

加《くわ》える
笑顔《えがお》　印象的《いんしょうてき》
不安《ふあん》

「ここは、**牧場**のようだな。**季節**は秋だ。山が色づき始めている。あそこの村まで歩いてみよう。」

ドクターは、**周り**を注意深く**観察**しながら言いました。

その時、**突**《とつ》**然**、子どもが二人、木かげから**飛**び出してきました。

「助けて！」

ドクターとケリーがふり向くと、子どもたちの後ろから大きな黒いかげがこちらへ向かってくるではありませんか。

「わあ、クマだ！」

「にげろ！　こっちだ！」

ドクターはさけびながら、二人をかかえるようにして、谷をめざして走りました。

牧場《ぼくじょう》

周《まわ》り

突然《とつぜん》

飛《と》び出《だ》す

ケリーはみんなの後ろから、クマの方をふり返りながら走ります。

その時、子どもが一人こけてしまいました。

「おい。だいじょうぶか。」

ドクターは、その子をだきかかえて走りました。もう一人の子どもはドクターの服をつかんで走ります。ふり返ると、もうすぐそこまでクマがせまっています。

「急げ！」

ケリーはさけびながら、後ろから三人を守るように走ります。

「わあ！」

ドクターと二人の子どもがくぼみに足をとられて草むらにつっこみました。

「助けて！」

「しっかりしろ！」

今度は、ケリーが子どもたちをかかえて走ります。

「ウウウ…」

すぐ後ろからクマのうなり声が聞こえます。

「わあ、もうだめだ！　走れない。」

「しっかりしろ！」

ケリーが子どもを引きずるようにして前へ進みます。

その時、

「ウオー！」

クマがおそいかかってきました。

「わあぁ…！」

ケリーは二人をだくようにして、しゃがみこんでしまいました。

次の瞬間《しゅんかん》、

「グオー、ウウウ！」

クマはその場にたおれこみ、それからにげて行きました。

ドクターがレーザー光線をクマの目をめがけて発射《はっしゃ》し

たのです。

「もうだいじょうぶだよ。」

ドクターがやさしく言うと、二人の男の子は、声をあげて**泣**きました。

「よかった。もうだいじょうぶ。君たちは、兄弟かい？」

「はい。」

「君たちの家は、どこだい？」

「あの林をぬけた所です。」

兄が答えました。

「じゃあ、いっしょに行こう。」

四人は、**牧**場を横切り、**松**林をぬけて行きました。子どもの家の前には、**浅**い小川が流れていて、**清**流に白**菜**

泣《な》く

松林《まつばやし》

浅《あさ》い

清流《せいりゅう》

白菜《はくさい》

の葉が**散**らばっていました。庭には、**梅**の木があり、入り口の屋根にはツバメの**巣**がありました。

ドクターとケリーは、玄**関**《げん》の表**札**を見ながら中へ入りました。

「ごめんください。」

ケリーが言うと、しばらくしておばあさんが出てきました。

ドクターは、**牧**場での出来事を**伝**え、自分たちが何のために、どこから来たのかを話しました。おばあさんは、目を白黒させて聞いていましたが、やがて、落ち着きを取りもどして、

「あなた方は、**孫**の命を助けてくれた恩人《おんじん》です。」

と言ってなみだをふきました。

梅《うめ》　**巣**《す》　玄**関**《げんかん》　表**札**《ひょうさつ》　**伝**《つた》える

そして、こんな話を始めました。

「実は、この子たちの父親は、二年前に病気でなくなりました。それで、母親が町の工場にとまりこみで働くようになりました。

初めのうちは、食事付きでお金がもらえると喜んでいたのですが、上司のあつかいはひどいものでした。副社長が、夜おそくまで働くよう命令を出し、課長がみんなを一日中管理したのです。」

「それでお母さんは…。」

ドクターが口をはさみました。

「ええ、病気でたおれ、夫の後を追うように昨年なくなりました。」

「ひどい話だ。なぜそこまでがまんを。」

働《はたら》く　初《はじ》め　付《つ》く　上司《じょうし》　副社長《ふくしゃちょう》　命令《めいれい》　課長《かちょう》　管理《かんり》　夫《おっと》　昨年《さくねん》

ケリーがたずねました。

「もちろん、**好**きでやったのではありません。でも、**給料**をもらえるのはとってもありがたいんです。でも、**給料**には**差**がつけられ、**順位**までつけられました。そして**順位**が上になれば、**特別**に**賞**ももらえるんです。なかには、それがいやで**辞**職《しょく》するものもいました。でも、この子の母親は、どんなに苦しくても、つらくても、**欠**勤《きん》もせず、がんばりぬいたんです。おかげでいくらか**貯**金もできるようになりました。くらしを楽にしたいという**希望**をようやくかなえることができたのです。でも…。」

「とうとう病気に。」

ケリーが小声で気の**毒**そうに言いました。

「**昨**年の十二月、**愛**する子どもの手をにぎって、『白い

好す**き**　**給料**《きゅうりょう》
差《さ》　**順位**《じゅんい》
特別《とくべつ》　**賞**《しょう》
辞職《じしょく》
欠勤《けっきん》
貯金《ちょきん》
希望《きぼう》
気《き》の**毒**《どく》
愛《あい》する

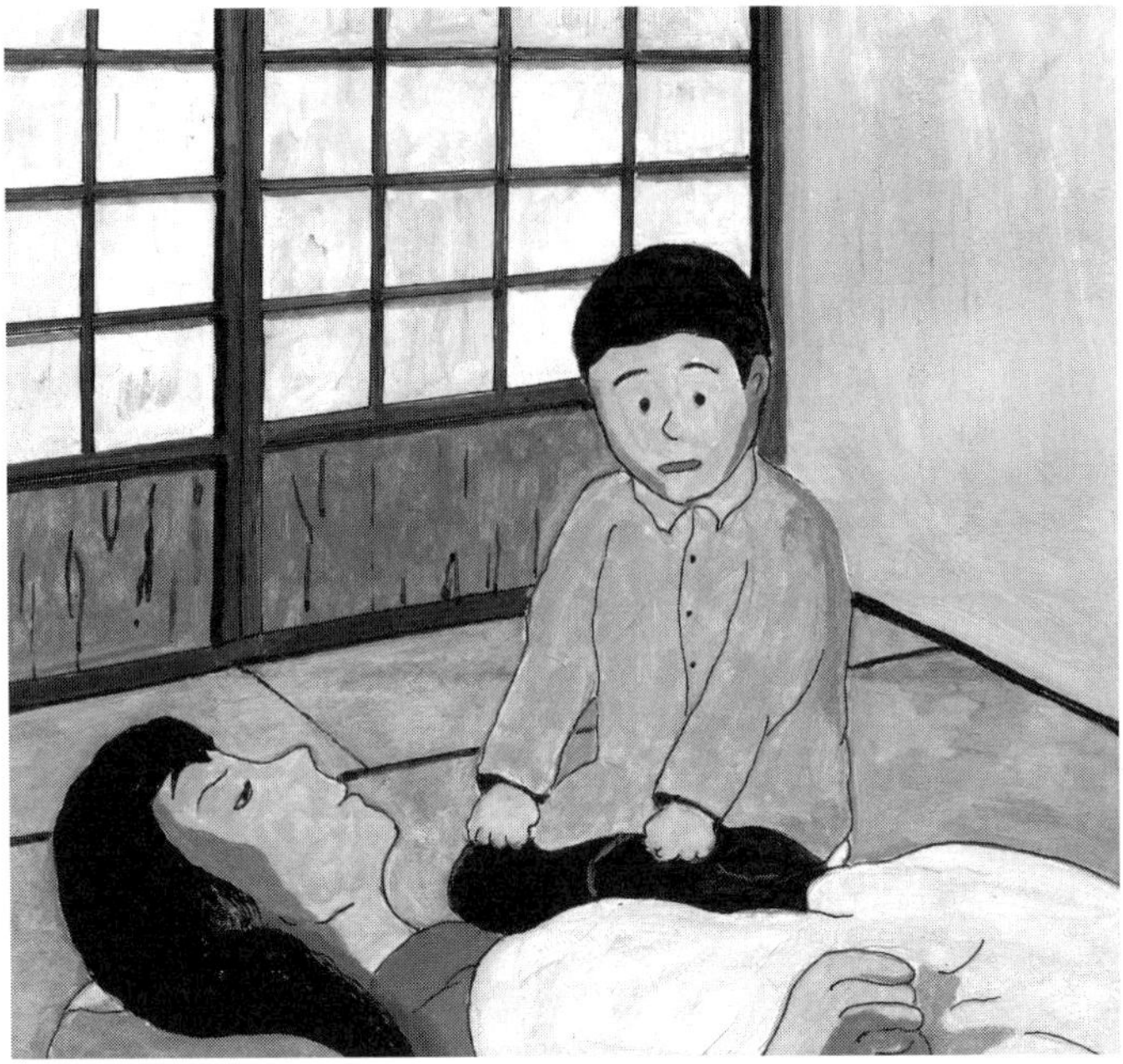

ご飯をいっぱい食べるんだよ。』と言って、息を引き取りました。母親は、あの工場に**殺**されたようなものです。家族みんなで**仲良**くくらしていたのに…。これから、たとえどんなに**産業**が**栄**えたとしても、この子どもたちをあんな目にあわせたくありません。」

ご飯《はん》

殺《ころ》す

仲良《なかよ》く

産業《さんぎょう》　**栄**《さか》える

おばあさんは、いかりをおさえて言いました。

「そうです。そのとおりですよ。おばあちゃん。」

ドクターは、声を強めて言いました。

「お母さんの死を教**訓**にして、いい世の中をつくっていかなければなりません。そのために、わたしたちはここへ来たのです。」

ケリーは、こう言って、かばんの中から大きな事**典**と**印刷**物《ぶつ》を取り出しました。

そして、

「この事**典**には、二十一世**紀**中ごろのことはすべて書かれています。それから、これは、悪い**法**律《りつ》によって、いかに世の中がひどいことになったかという事**例**を記**録**したものです。**約**二百の事**例**が書かれています。これを

教**訓**《きょうくん》

事**典**《じてん》
印刷物《いんさつぶつ》

法律《ほうりつ》
事**例**《じれい》
記**録**《きろく》
約《やく》

一人でも多くの人に読んでほしいのです。」

こう**説明**しました。

「大人だけでなく、小・中学校の**児童**や生**徒**にも知ってほしいと思います。いや、**未来**を生きる子どもにこそ知っておいてほしいのです。そして、正しい考えを**勇気**を持って言えるようになってほしいのです。だから、わたしは、この記**録**を教**材**にして、できるだけ多くの子どもたちに話をしたいと思っています。」

今度は、ドクターが力強く話しました。

「わかりました。どんなことでも**協**力します。**必要**なことがあれば、何でも言ってください。」

おばあさんは、真けんな顔で**約束**してくれました。

説明《せつめい》　児童《じどう》　生徒《せいと》　勇気《ゆうき》　教材《きょうざい》　協力《きょうりょく》　必要《ひつよう》　約束《やくそく》

第四章　二〇六〇年の地球

こうして、ドクターとケリーは、毎日子どもたちを集めて、**争**いを**無**くすること、自分だけよければいいという考えを**改**めることなどを話しました。

実際《じっさい》に**未**来を知っている二人の話は、聞く人の心をとらえました。子どもだけでなく、大人の**参加**者もどんどんふえていきました。そして、一回に何百人という**単位**で人が集まるようになりました。やがてうわさは世界中に広がっていきました。

それから十年がすぎました。

争《あらそ》い　**無**《な》くす
改《あらた》める
参加《さんか》
単位《たんい》

「ドクター。だいぶ多くの人の考え方が**変**わってきましたね。」

ケリーが言いました。

「そうだな。住みやすい**良**い世の中になってきた。」

ドクターも**満足**そうに言いました。

「そろそろ、二〇六〇年にもどってみませんか。きっと、**歴史**は**変**わっていますよ。」

ケリーが言うと、

「実は、わたしもそれを考えていたんだ。もうわたしも年だ。どんな**結果**になっているかを生きているうちに、この目で見ておきたいものだ。」

と、ドクターも言いました。

「じゃあ、出発しましょう。ドクター。」

良《よ》い
満足《まんぞく》
結果《けっか》

「そうするか。」

こうして、二人はまた二〇六〇年へ出発しました。

「ドクター。二〇六〇年に着きました。大**成功**です。見てください。あの美しい空、美しい海、美しい山を！」

「すばらしい！　ついにやったなあ。ケリー君。地球は**救**われたんだ。」

「そうです。地球は**救**われました。海**底**都市なんてどこにもありません。とうとう、ドクターの研究が地球の**未**来に道を開いたのです。それに…。」

ケリーは、ちょっと言葉につまりました。

「それにどうしたんだ。」

「おじいさんとの**約束**を**果**たすことができました。」

果《は》たす

「なるほど、そうだったな。」
ドクターがうれしそうにうなずきました。
「ドクター、見てください。もうすぐ春です。」
ケリーは、ふくらみかけたさくらのつぼみのついたえだをそっと**折**ってドクターに手わ

折《お》る

たしました。

その小さな新**芽**を見て、二人はにっこりほほえみました。

新**芽**《しんめ》

『地球を救え』に出てくる漢字
（四年生の学習漢字二〇〇字）

【第一章】
世紀
末
各地
自然
南極
戦争
競う
兵器
実験
大量

毒
満ちる
付く
健康
害
残る
最後
試み
海底
建物
建てる

照る
季節
変化
笑い
労働
失う
無気力
胃
腸
博士
以前

求める
軍隊
不要
唱える
人類
救う
積む
完成
喜ぶ
改良
機械
必ず
連邦《ぽう》
政《せい》府

兆
軍事費
願う
国民
要求
残念
努力
苦労
成功
結び付く
未来
大西氏
固い
億

鏡
白衣
静か
官僚《りょう》
大臣
反省
利益《えき》
政《せい》治家
説得
熱い
お祝い
浴びる
料理
食堂

冷蔵《ぞう》庫
塩
焼く
倉庫
置く
一輪
共
食器
飛び散る
粉
低い
試す
歴史
変える

席
直径
包む

【第二章】

続ける
覚ます
周囲
停止
観察
山脈
連なる
英語
小型

飛行機
着陸
反対側
貨物
航空
標識《しき》
案内
借りる
街
海辺
景色
見覚え
郡
郵《ゆう》便局

不思議
信じる
孫
関係
老人
辺
一帯
漁師《し》
種類
名人芸
養う
卒業
漁
大漁旗

灯台
漁業
おれ達
候補《ほ》者
票
選挙
敗れる
別れ
告げる
加える
笑顔
印象的

【第三章】

不安
牧場
周り
突《とつ》然
飛び出す
泣く
松林
浅い
清流
白菜
梅
巣
玄《げん》関
表札

伝える
働く
初め
食事付き
上司
副社長
命令
課長
管理
夫
昨年
好き
給料
差

順位
特別
賞
辞職《しょく》
欠勤《きん》
貯金
希望
気の毒
愛する
ご飯
殺す
仲良く
産業
栄える

教訓
事典
印刷物
法律《りつ》
事例
記録
約
説明
児童
生徒
勇気
教材
協力
必要

約束

【第四章】

争い
無くす
改める
参加
単位
良い
満足
変わる
結果
果たす
折る

新芽

【5年生の漢字185字】

ミステリーランド

第一章　ミステリーの始まり

日曜日の朝のことです。

「友喜《ともき》、もう年**賀状**書いたの？」

顔を見るなり、お母さんが言いました。

「まだ早すぎるよ。それより、これ、ゴミに出しといて。」

友喜《ともき》は、**破**れかけた**布**のふくろに包んだカセットデッキをお母さんにわたしながら言いました。

「えっ、もうこわれたの？」

「うん。音が出ないんだ。」

「もったいないわね。まだ使えるでしょう。」

年賀状《ねんがじょう》

破《やぶ》れる　**布**《ぬの》

「だめだ。もう限界だよ。」

友喜《ともき》は、強い口調で言いました。

横で朝刊を読んでいたお父さんが、新聞を置いて、

「ちょっと見せてみろ。修理できるかもしれないぞ。」

と、口をはさみました。

お父さんは技師をしていました。だから、職業がら、すてる前にまず、検査してみることが習慣になっていました。

お父さんは、デッキを手に取って、たてにしたり横にしたりしながら、

「ああ、中国《ちゅうごく》製か。」

と独り言を言いました。

「音の出ないカセットデッキなんて、一銭の価値《ち》もな

限界《げんかい》
朝刊《ちょうかん》
修理《しゅうり》
技師《ぎし》　職業《しょくぎょう》
検査《けんさ》　習慣《しゅうかん》
中国製《ちゅうごくせい》
独《ひと》り言《ごと》
一銭《いっせん》　価値《かち》

いよ。」

友喜《ともき》は**舌**打ちをして、お父さんからデッキを取りもどしました。本当はまだ使えたのですが、こんな**旧**式のデッキより、もっと新しいのがほしかったのです。

友喜《ともき》は、ぶつぶつ文**句**を言いながらご飯を食べましたが、すぐに、

「ごちそうさま。」

と言って、**余**ったご飯をみんなタマにやりました。

タマは、二年前から**飼**っているネコです。はじめはガリガリでしたが、今ではよく**肥**えていました。

「こんなに残して、もったいない。ますますタマが**肥**えてしまうじゃないの。」

という、お母さんのヒステリックな声と、

舌《した》
旧式《きゅうしき》
文句《もんく》
余《あま》る
飼《か》う
肥《こ》える

「**道徳**教育が必要なのは**政**治家じゃないか。」

という、お父さんの文**句**を言う声が聞こえてきました。

つけっぱなしのテレビからは、今日もたくさんの事**件**や事**故**の**情報**を知らせるニュースが流れていました。

友喜《ともき》は、そんな声を聞きながら、出かける**準備**をしました。朝から親友の英男《ひでお》と待ち合わせをしていたのです。

友喜《ともき》は、とりあえず、デッキを台所に置いて、それからお母さんに向かって、

「**久**しぶりに、ひでぞうと勉強することになっているから、これから出かけるよ。」

と、良い子を**演**じました。

友喜《ともき》は、いつも英男《ひでお》のことを〈ひでぞう〉とよび、英《ひで》男《お》は、友喜《ともき》のことを〈ともぞう〉とよんでいました。

道徳《どうとく》　**政**治家《せいじか》

事**件**《じけん》　事**故**《じこ》　**情報**《じょうほう》

準備《じゅんび》

久《ひさ》しぶり

演《えん》じる

「気をつけてね。」

というお母さんの声に、

「だいじょうぶ、だいじょうぶ。」

と**適**当な返事をして、**制**服をつかんで家を飛び出しました。

待ち合わせの場所に、まだ英男《ひでお》の姿《すがた》はありませんでした。辺りをきょろきょろしていると、そばの電柱にはってある二枚《まい》のビラが目にとまりました。〈**貸**間あり〉というビラと〈**夢**の国へご**招**待〉というビラでした。

そこへ、英男《ひでお》がやって来ました。

「ごめん、ごめん、おくれてしまった。」

英男《ひでお》は、すまなそうに言いました。

「ひでぞう、これを見て。」

適当《てきとう》　**制**服《せいふく》
貸間《かしま》
夢《ゆめ》　**招**待《しょうたい》

友喜《ともき》は、さっき見ていたビラを指さしました。

「〈貸間あり〉。何だこれ！」

「いや、それじゃない。こっちだよ。」

「〈夢の国へご招待〉？」

英男《ひでお》が興味深そうに言いました。

「地図までついているよ。おもしろそうだろう。行ってみないか。」

「おもしろそうだな。行ってみよう。」

英男《ひでお》も快く賛成しました。

二人は、地図に示された目印をチェックしながら進んで行きました。

「消防署《しょ》を右に曲がって、春風《はるかぜ》団地を左。」

「学校の校舎を右へ折れて、税務署《しょ》の前をまっすぐ。」

興味《きょうみ》

快《こころよ》く　賛成《さんせい》

示《しめ》す

消防署《しょうぼうしょ》　団地《だんち》

校舎《こうしゃ》　税務署《ぜいむしょ》

二人は地図を読みながら、順**序**よく進みました。
やがてにぎやかな通りを**過**ぎて、山道へ入って行きま

順**序**《じゅんじょ》
過《す》ぎる

した。

「地図ではここから省略してあるけど、だいたいあと三百メートルくらいで墓地に出るはずだ。」

友喜《ともき》は予測して言いました。

二人が歩いていくと、確かに、ちょうど三百メートルほどで墓地に着きました。

「ともぞうは、地図を読む素質があるね。」

「えへへ、実は、ここにうちの墓があるんだよ。」

友喜《ともき》は言うと、先祖の墓の前へ行って、手を合わせました。

そこから、道が二つに分かれていました。二人は、左の道を行くことにしました。

道はどんどん険しくなり、とうとう行き止まりになっ

省略《しょうりゃく》
墓地《ぼち》
予測《よそく》
確《たし》か
素質《そしつ》
墓《はか》
先祖《せんぞ》
険《けわ》しい

てしまいました。

そこには、〈立ち入り**禁止**〉の立て札が立っていました。

「道に**迷**ったようだね。」

「**墓**場までもどって**逆**の道を行ってみようか。」

友喜《ともき》が言いました。

「うん、そうしよう。」

二人は、今度は右の道を行きました。

しばらく行くと、一軒《けん》の家の前に出ました。それは、小屋を改**造**したようなそまつなものでした。

友喜《ともき》は中をのぞきこんで言いました。

「これでも一**応**住**居**のようだ。米**俵**が一**俵**あるよ。」

「それに、ほら、畑もちゃんと**耕**してあるし、木の**燃**えかすもある。」

禁止《きんし》　**迷**《まよ》う　**逆**《ぎゃく》

改**造**《かいぞう》

一**応**《いちおう》　住**居**《じゅうきょ》　米**俵**《こめだわら》

一**俵**《いっぴょう》　**耕**《たがや》す　**燃**《も》える

「こんな所にだれが住んでいるんだろう。」

「きっと何かの事情で、ここへ移って来たんだよ。」

友喜《ともき》が大人のような口ぶりで言いました。

「仮にそうだとしても、この様子じゃあ、相当貧し

事情《じじょう》

移《うつ》る

仮《かり》に

貧《まず》しい

いくらしだね。」

「**妻**も子もいない一人ぐらしだろうな。」

またまた友喜《ともき》が大人ぶって言いました。

「もしかすると、何か**罪**を**犯**して、ここにかくれて住んでいるのかも…。」

英男《ひでお》が声を低くして言いました。

「**確**かにその**可能性**も…」

友喜《ともき》がこう言いかけた時、ガサッという音がしました。

二人は、びっくりしてかけ出しました。後ろをふり返ることもなく走りました。

どれほど走ったでしょうか。

「ちょっと待って！」

英男《ひでお》の苦しそうな声で友喜《ともき》は足を止めました。

妻《つま》

罪《つみ**》　**犯**《おか》す

可能性《かのうせい》

「もうだめだ。**酸欠状態**だ。」

英男《ひでお》が言うと、

「ああ、おどろいた。でも、ここまで来ればもうだいじょうぶだ。」

友喜《ともき》も息を切らしながら、**額**のあせをふきました。

二人は、**桜**の木の下でひと休みしてから、**再**び歩き出しました。**雑**木林の中の道は、木の**枝**がからんで、二人の行く手をふさいでいました。

「ともぞう。もう引き返そうよ。」

と、英男《ひでお》がちょっとためらいがちに言いました。

「せっかくここまで来たんだから、最後までつきとめようよ。」

「そう言うと思ったよ。お前は、一度決めたことは最

酸欠状態《さんけつじょうたい》

額《ひたい》

桜《さくら》　**再**《ふたた》び

雑木林《ぞうきばやし》　**枝**《えだ》

後までやり通さないと気がすまない**性格**だからな。本当に意**志**が強いんだから。」

英男《ひでお》は、あきらめて友喜《ともき》の後に続きました。

雑木林の道を一キロ**程**行くと、少し広い道に出ました。

もう一度、地図で**現在**地を**確**かめました。

「おい、これ近道だったようだ。」

友喜《ともき》がうれしそうに言いました。

「そうか。ぼくたちの**判断**はまちがっていなかったんだ。」

「〈**災**い転じて福と成す〉だな。それにしてもおなかがすいた。**弁**当でも持ってくればよかった。」

「パンなら一つあるよ。」

英男《ひでお》はポケットからパンを一つ出して、**均**等に分けま

性格《せいかく》
意**志**《いし》
程《ほど》
現在地《げんざいち》
判断《はんだん》
災い《わざわ》
弁当《べんとう》
均等《きんとう》

した。
二人はパンをほおばりながら、勢いを増して歩き出しました。

第二章 〈夢の国〉への入り口

やがて二人は、古い鉱山の坑《こう》道の入り口につき当たりました。
「いつか、おじいちゃんから聞いたことがあるよ。この山は鉱山だったって。」
英男《ひでお》が言いました
「うん。確か総合の授業でも、昔ここで銅がよく採れていたと習ったような気がする。」

勢《いきお》い　増《ま》す
鉱山《こうざん》
総合《そうごう》　授業《じゅぎょう》　銅《どう》
採《と》れる

友喜《ともき》も言いました。

その時、

「あっ、あった！」

と、英男《ひでお》が声を**張**り上げました。

「何！　何があったんだ？」

「あれ、ほら、〈**夢**の国〉だよ。」

友喜《ともき》が、じっと目をこらして見ると、坑《こう》道の入り口に小さな金**属**の立て札が立っていました。

「〈**夢**の国へようこそ〉。これが**夢**の国の入り口だ。」

「どうする。入ってみるかい。」

「もちろんだ。」

友喜《ともき》は目をかがやかせて言いました。

いつの間にか、晴れていた空は**厚**い雲でおおわれ、ぽ

張《は》り上《あ》げる

金属《きんぞく》

厚《あつ》い

つぽつ雨がふってきました。二人は雨をよけるようにして、あなへ入って行きました。

二人があなへ入るとすぐに、

「わあ、出た！」

前を歩いていた友喜《ともき》がさけびました。

何かが二人の周りを飛び回ったのです。

「わあ、助けて！」

英男《ひでお》もさけびました。

「だいじょうぶ。コウモリの**群**れだ。」

友喜《ともき》は、落ち着きをとりもどして言いました。

二人は、まるでコウモリに**導**かれてでもいるかのように、真っ暗な中を進んでいきました。

「あっ、いたい！」

群《む》れ

導《みちび》く

友喜《ともき》が岩に頭をぶつけました。

「だんだん、あなが小さくなっていくぞ。」

友喜《ともき》が言いました。

二人は、こしをかがめた姿《し》**勢**を**保**って進んで行きました。

そのうち、向こうの方がぼん

姿勢《しせい》
保《たも》つ

やりと明るく見えてきました。進むにつれて、だんだん明るさは**増**していき、あなの両側もぼんやり見える**程**になりました。

気をつけて見ると、両側に小さな人形のようなものがいくつも立っています。

「おい、これ**仏像**じゃあないか？」

友喜《ともき》が言いました。

「本当だ。石をほった**仏像**だ。」

「なんだか気味が悪いなあ。」

「こわいよ。やっぱり引き返そうよ。」

と、英男《ひでお》が友喜《ともき》の服を引っぱりました。

友喜《ともき》もこわいのですが、その気持ちとは**逆**に、体は前へ前へと進んで行きます。英男《ひでお》もつられるようにその後

仏像《ぶつぞう》

に続きます。

「わあ、何だあれは！」

突然《とつ》、友喜《ともき》がさけびました。

「わあ、すごい！」

二人の目の前に、小さな光の点が広がっていたのです。

それはまるで夜空の銀**河**を見ているようでした。

「きっとあれが、〈**夢**の国〉だよ。」

「うん、まちがいない。」

友喜《ともき》は声をはずませました。

と、その時です。二人は真っ白な雲に包まれてしまいました。

「わあ、どうしたんだ！」

次の瞬《しゅん》間、体を何かで引っぱられるような感じがしま

銀《ぎん》**河**《が》

した。

「ああ、気分が悪い。」

「何だか体がへんだ。」

二人とも顔をゆがめました。

しばらくすると、すうっと雲が消えて行きました。

気が付くと、目の前に巨大《きょ》な空間が広がっていました。

「あんな小さなあなが、急に広くなった。」

英男《ひでお》がおどろいたように言いました。天じょうが見えないほどの高さになっていたのです。

「おどろいたなあ。あんな小さなあながこんな大きなあなに通じていたなんて。」

友喜《ともき》も信じられないといった顔で言いました。

しかし、おどろくのはまだ早かったのです。次の角を曲がって、二人は目を丸くしました。それもそのはずです。そこには、新**幹**線が止まっていたのです。見ると、行き先が〈**夢**の国〉となっていました。

「ここは駅の**構**内だ。この列車は、さっき銀**河**のように見えた〈**夢**の国〉へ行くんだよ。」

友喜《ともき》が言いました。

二人は、入り口にあった**券**売機で、百円の**往復**乗車**券**を買って列車に乗りました。すぐに列車は走り出しました。

「だれも乗っていないね。」

英男《ひでお》が不安そうに言いました。

「ここまで来たら、もう引き返せないよ。それにたった百円で新**幹**線に乗れるなんて最高だ。」

新**幹**線《しんかんせん》

構内《こうない》

券売機《けんばいき》　**往復**《おうふく》

乗車**券**《じょうしゃけん》

友喜《ともき》は、うれしそうに言いました。

第三章　これが〈夢の国〉

五分ほど暗やみの中を走って、列車は止まりました。

「こんな所に、もう一つの世界があったんだ。」

友喜《ともき》がおどろいたように言いました。

「それにしても、**夢**のようだな。」

英男《ひでお》も不思議そうに言いました。

二人が駅の**構**内から出ると、一人の紳士《しんし》がにこにこしながら近**寄**って来ました。

「こんにちは。〈**夢**の国〉へようこそ。わたしは、スズキと言います。初めてここへいらっしゃった人への案内

近《ちか》**寄**《よ》る

係をしています。」

「ぼくは、友喜《ともき》です。」

「ぼくは、英男《ひでお》です。二人とも五年生です。」

二人は、おそるおそる名前を告げました。

「**質**問があるんですけど、いいですか。」

友喜《ともき》が言いました。

「どうぞ、どうぞ、何でも聞いてください。わたしは、あなた方の心の**支**えになるために仕事をしているのですから。」

「この国にとても**興**味があるんだけど、ちゃんと家へ帰れるか不安です。帰りたくなったら、帰れますか?」

「もちろん、それは**絶**対だいじょうぶです。この国に**適応**できそうになければ、お帰りになることもできます。

質問《しつもん》
支《ささ》え
絶対《ぜったい》
適応《てきおう》

じゃあ、一日体験コースにしましょう。」

「一日体験コースって、どういうことですか？」

今度は、英男《ひでお》がたずねました。

「ここでの生活をいろいろと**経**験してもらって、ここに**留**まって**永**住するか、それともあちらへもどるかをご自分で**判断**してもらうというコースです。何も心配することはありません。」

「ああ、よかった。それで安心しました。」

英男《ひでお》はほっとした表**情**で言いました。

「お金はいらないんですか？」

友喜《ともき》がたずねました。

「もちろん無料です。では、とにかく町を歩いてみましょう。歩きながら、この国についてわたしがくわしく

経験《けいけん》　**留**まる《とど》　**永**住《えいじゅう》　表**情**《ひょうじょう》

説明いたします。」

　二人は、スズキさんに、すっかり心を**許**していました。それは、スズキさんがとてもやさしそうだったし、どこか担《たん》**任**の先生にも**似**ていたからです。

　二人は、辺りをきょろきょろしながら歩きました。自分の国と**比**べて、すれちがう人や買い物をしている主**婦**たちの顔が生き生きしているような感じがしました。

「スズキさん。ここの人はみんな生き生きしているような気がするんですけど。」

　友喜《ともき》が口を開きました。

「あははは。気が付きましたか。そうなんです。この国の人はみんな生き生きしています。原**因**ははっきりしているんです。」

許《ゆる》す
担**任**《たんにん》　**似**《に》る
比《くら》べる　主**婦**《しゅふ》
原**因**《げんいん》

「どんなわけがあるんですか?」

「みんな**豊**かだからですよ。」

「えっ。心が**豊**かだということですか?」

「もちろん、**精**神的な**豊**かさもですが、お金の面でも**豊**かなのです。国民はみんな、どんどん**預**金を**増**やし、**財**産をたくわえています。」

「なぜですか?」

「いろいろと**複**数の**条件**がそろっているからです。」

「**条件**って?」

「この国は、食料も**資**源《げん》も**豊**富なのです。それに、自然**災**害もありません。」

「あの、実は、ぼくたちパンしか食べてなくておなかがすいたんですけど…。」

豊《ゆた》か
精神《せいしん》
預金《よきん》
財産《ざいさん》
複数《ふくすう》
条件《じょうけん》
資源《しげん》
豊富《ほうふ》
災害《さいがい》

英男《ひでお》は、食べ物の話になって、がまんできなくなりました。

「承知しました。あそこに国営レストランがございます。あそこで食事をしながら、もう少しくわしくお話ししましょう。」

「でも、ぼくたちあまりお金を持っていないんです。」

「だいじょうぶ。とても安いですから。」

スズキさんは、こう言って、二人をレストランへ連れて行きました。

三人は、ランチを注文して食べました。

スズキさんは、食事をしながら、さらに講話を続けました。

承知《しょうち》　国営《こくえい》

講話《こうわ》

「この国には、どの町にも**資**源《げん》を**保護**する**組織**があります。**技術**者たちは、それぞれの町に**設**けられた研究所で、**資**源《げん》を**効率**よく使う方法を研究しています。国民もみんな、ものを大切にするというこの考え方を**基**本にして生活しています。**規則**というわけではありませんが、ものを大切にするのは、**個**人の**責任**であり、国民の**義務**だと考えています。そして、これがこの国の**常識**になっているのです。」

スズキさんは、こう言ってお茶を飲みました。

「さあ、出ましょう。これをレジに**提**出してください。」

「何ですか、このカードは？」

英男《ひでお》がたずねると、

保護《ほご》　**組織**《そしき》
技術者《ぎじゅつしゃ》　**設**《もう》ける
効率《こうりつ》
基本《きほん》
規則《きそく》
個人《こじん》　**責任**《せきにん》　**義務**《ぎむ》
常識《じょうしき》
提出《ていしゅつ》

「これは、小学生ということを**証**明するカードです。これを出せば、半**額**になります。全国**統**一のカードです。」

二人は、レジで二十円はらって店を出ました。

「安くておいしかった。それにとても清**潔**な感じのレストランだったね。」

友喜《ともき》はこのレストランを高く**評**価しました。

「そうです。**非**常に業**績**を上げています。前の店長が引**退**して、責任者が代わってから、これまで以上に**接**客態度が良くなったと**評判**です。」

「でも、こんなに安くて利**益**が上がるんですか？」

「材料を安く**輸**入するなど、この国の**貿易**がうまくいっているからだいじょうぶです。それに、あなたの国

証明《しょうめい》
半**額**《はんがく》　**統**一《とういつ》
清**潔**《せいけつ》
評価《ひょうか》
非常《ひじょう》　業**績**《ぎょうせき》
引**退**《いんたい》　**接**客《せっきゃく》
評判《ひょうばん》
利**益**《りえき》
輸入《ゆにゅう》　**貿易**《ぼうえき》

では、**増税**されることはあっても**減税**されることはほとんどないでしょう。でも、この国では、毎年、**減税**されているのです。」

「でも、一つよく**理解**できないことがあるのですが。」

友喜《ともき》が言いました。

「何ですか？」

「**資源**を**効率**よく使う方法ってどんな方法ですか？」

スズキさんは、ちょっとこまった顔をしてから言いました。

「実は、人間を小型にする薬を開発したのです。」

「えっ！　人間を小型にする！」

「そうです。あなた方は今、約三十分の一の大きさになっています。」

増税《ぞうぜい》　**減税**《げんぜい》

理解《りかい》

「えっ！　何ですって！　じゃあ、五センチもないってことですか？　そう言えば、あの雲の所で気分が悪くなった時…。」

「その通り。あの雲には人間を小さくする**液**が**混**じっているのです。だからあそこが、あなた方の国とこの国の**境**、つまり国**境**だということです。」

二人は、これを聞いてがくがくふるえました。

「あっ！　あの時、天じょうが高くなったと思ったのは、ぼくたちが小さくなっていたからか。」

「その通りです。あなた方が小さくなったからあなたが大きくなったように見えたのです。」

「そうか、人間が小さくなれば、**領**土が少なくても、**資**源が少なくても**豊**かにくらせるわけだ。」

液《えき》　**混**《ま》じる　**境**《さかい》　国**境**《こっきょう》　**領**土《りょうど》

「そうです。それに、小さくなれば、**敵**を**武力**で**制圧**したり、**武力**で**防衛**したりするというような考え方はしなくなります。そして社会から**暴力**もなくなるのです。」

「ぼくたちは、もう元の大きさにもどれないんですか。」

英男《ひでお》が泣きそうな声でたずねました。

「いや、いや、だいじょうぶです。もう一度あの雲の中に入れば、ちゃんと元にもどれますからご心配なく。」

スズキさんは、にこにこして言いました。

「ああよかった。スズキさん、感**謝**します。この**恩**は一生わすれません。」

英男《ひでお》は手を合わせておがむようなかっこうをしました。

「あははは。わたしに礼を言うことはありません。

敵《てき》　武力《ぶりょく》　制圧《せいあつ》
防衛《ぼうえい》
暴力《ぼうりょく》
感謝《かんしゃ》　恩《おん》

おみやげにこの本を差し上げます。わたしが編集した本ですが、なかなか良い内容ですよ。」

スズキさんは、こう言って、二人に一さつずつ本を手わたしました。

それは、『夢の国の築き方』(夢の国出版)という本でした。

「この本には、どうしたらみんなが幸せに生きられるかということが述べてあります。ぜひ読んでみてください。決して読んで損をする本ではありません。」

スズキさんは、二人の肩《かた》をたたきながら言いました。

「それではこれで、一日体験コースを終わります。ありがとうございました。さようなら、お元気で。」

スズキさんは、こう言って、立ち去って行きました。

編集《へんしゅう》　内容《ないよう》　築《きず》く　出版《しゅっぱん》　述《の》べる　損《そん》

二人は何だか**夢**を見ているような気分で、また、新**幹**線に乗り、**再**びあなをぬけてもどって来ました。

「ただいま！」

「あら、お帰り。おそかったわね。」

お母さんがいつも通りむかえてくれました。

「お母さん、ぼくの体、朝と同じ大きさかな？」

「えっ！　ど、どういうこと？　当たり前でしょう。頭だいじょうぶ？」

お母さんは目を丸くして友喜《ともき》を見つめました。

友喜《ともき》は、そんなお母さんの心配など**眼**中に無いといった様子で、台所へ急ぎました。

それから、まだテーブルの上にあったカセットデッキ

眼中《がんちゅう》

をつかんで、いそいそと二階の自分の部屋へ上がりました。そして、窓《まど》**際**のいすにすわって、好きな音楽をかけました。

外を見ると、**綿**のような雪がちらちらふってきました。

「ああ、いい音だなあ。」

友喜《ともき》は、静かにつぶやきながら、もらってきた本を開きました。

窓**際**《まどぎわ》

綿《わた》

『ミステリーランド』に出てくる漢字
（五年生の学習漢字一八五字）

【第一章】

年**賀状**
破れる
布
限界
朝**刊**
修理
技師
職業
検査
習**慣**

中国**製**
独り言
一**銭**
価値《ち》
舌
旧式
文**句**
余る
飼う
肥える
道**徳**

政治家
事**件**
事**故**
情報
準備
久しぶり
演じる
適当
制服
貸間
夢

招待
興味
快く
賛成
示す
消**防**署《しょ》
団地
校**舎**
税務署《しょ》
順**序**
過ぎる

省**略**
墓地
予**測**
確か
素質
墓
先**祖**
険しい
禁止
迷う
逆
改**造**
一**応**
住**居**

米**俵**
一**俵**
耕す
燃える
事**情**
移る
仮に
貧しい
妻
罪
犯す
可能性
酸欠**状態**
額

桜
再び
雑木林
枝
性格
意**志**
程
現在地
判断
災い
弁当
均等
勢い
増す

【第二章】
鉱山
総合
授業
銅
採れる
張り上げる
金**属**
厚い
群れ
導く
姿《し》**勢**
保つ

仏像
銀**河**
新**幹**線
構内
券売機
往復
乗車**券**
【第三章】
近**寄**る
質問
支え
絶対
適応

経験
留まる
永住
表**情**
許す
担《たん》**任**
似る
比べる
主**婦**
原**因**
豊か
精神
預金
財産

複数
条件
資源
豊富
災害
承知
国**営**
講話
保護
組**織**
技術者
設ける
効率
基本

規則
個人
責任
義務
常識
提出
証明
半**額**
統一
清**潔**
評価
非常
業**績**
引**退**

責任者
接客
評判
利**益**
輸入
貿易
増税
減税
理**解**
液
混じる
境
国**境**
領土

敵
武力
制圧
防衛
暴力
感**謝**
恩
編集
内**容**
築く
出**版**
述べる
損
眼中

窓《まど》**際**
綿

【6年生の漢字181字】

パラレルワールド

第一章　たいくつなお正月

冬休みも半分以上過ぎて、今日はもう正月の二日になってしまいました。

「ああ、たいくつだ。何かおもしろいことないかなあ。」

宗助《そうすけ》は、冷蔵庫にあった牛乳を飲みながら、テレビのスイッチを入れました。

「新春スポーツスペシャル白根《はくね》駅伝は、サッパリビールの提供でお送りします。」

アナウンサーの声と共に、選手たちの走る姿が画面に映りました。

冷蔵庫《れいぞうこ》　牛乳《ぎゅうにゅう》

提供《ていきょう》

姿《すがた》

映《うつ》る

「この寒いのによくやるよ。」

宗助《そうすけ》は、つぶやきながらチャンネルをかえました。

「**皇**居で一般《ぱん》参賀が行われ、天皇、**皇后**両**陛**下が…。」

「ふぅーん。」

すぐにチャンネルをかえると、今度は、クラシックを演**奏**をする**奏**者と指**揮**者の顔がアップで**映**りました。

「もう、おもしろくないなー。」

「今年の参**拝**者はいつもの年より多いようです。」

「へぇー。」

チャンネルをかえると、見たこともない**俳優**たちが声を張り上げているのが**映**りました。

「歌**劇**なんて興味ないよ。ああ、正月番組ってなんてつまらないんだ。」

皇居《こうきょ》　天**皇**《てんのう》　**皇后**《こうごう》

両**陛**下《りょうへいか》

演**奏**《えんそう》　**奏**者《そうしゃ》　指**揮**《しき》

参**拝**者《さんぱいしゃ》

俳優《はいゆう》

歌**劇**《かげき》

宗助《そうすけ》は、テレビのスイッチを切って、こたつに入りました。

春から中学生だというのに、宗助《そうすけ》は何も興味がなく、この冬休みも、だらだらと過ごしていました。

〈**将**来の夢〉を書くことになっている一**枚**の短**冊**を**裏**返して、宗助《そうすけ》はこたつにもぐりました。こたつでうとうとしていると、

「宗助《そうすけ》、ちょっとおいで、話したいことがあるんだ。」

と、お父さんに**呼**ばれました。

「もう、せっかくねていたのに。」

宗助《そうすけ》は、ぶつぶつ言いながらお父さんの部屋へ行きました。

「お前のおじさんのことだけど。」

裏返《うらがえ》す

将来《しょうらい》　一**枚**《いちまい》　短**冊**《たんざく》

呼《よ》ぶ

お父さんは、読んでいた雑誌を置いて、いきなりこんな話を始めました。

雑誌《ざっし》

「お父さんがまだ小さかった時、去年亡くなったおじいちゃんから宇宙の話を聞いたことがあるんだ。弟といっしょにな。」

「えっ、宇宙の話。」

宗助《そうすけ》は、ちょっと目線を上げてお父さんの顔を見ました。

「それから飛行機に興味を持ったのを覚えている。宇宙飛行士になりたいという夢を持ったこともある。もちろん、そんな夢はかなわず、今の会社に就職したんだが、お父さんの弟は、幼いころからのその夢を捨てずに今も持ち続けているんだよ。」

お父さんは、こう言うと、灰皿を引き寄せて、吸っていたたばこの灰を落としました。

亡《な》くなる
宇宙《うちゅう》
就職《しゅうしょく》
幼《おさな》い　捨《す》てる
灰皿《はいざら》　吸《す》う

「えっ。お父さんの弟って、ひろしおじさんのことだね。」

「そうだよ。」

「ロケットに乗っているの。」

「いや、ロケットじゃあないが、小型飛行機を**操縦**しているんだ。」

「えっ！　パイロット？」

「パイロットではないんだが、会社の仕事でよく飛行機に乗っているそうだ。」

「ふうん。すごいね。」

「実は、明日、九州へ行く用事ができたから、お前を乗せてやろうかというメールが**届**いたんだ。昨年の**暮**れから**延**期になっていたそうだ。」

操縦《そうじゅう》

届《とど》く　**暮**《く》れ

延期《えんき》

「えっ！　それ本当？」

「本当だよ。どうだ。乗ってみるか。」

「もちろん、乗る、乗る。やったあ！」

宗助《そうすけ》は、大喜びしました。

「でも、お母さんは心配性だから、**秘密**にしておこう。いいな。」

「うん、わかった。」

宗助《そうすけ》は元気よく返事をしました。

その**晩**は、なかなかねむれませんでした。

第二章　はじめての飛行機

翌朝、宗助《そうすけ》は、早起きをしてさっさと顔を**洗**い、**胸**を

秘密《ひみつ》

晩《ばん》

翌朝《よくあさ》
洗《あら》う
胸《むね》

わくわくさせながらひろしおじさんが**訪**ねてくるのを待ちました。

約束の時**刻**を少し過ぎたころ、おじさんはやって来ました。すぐに、いっしょに車で自**宅**を出て、飛行場まで行きました。

車から**降**りると、二人は街路**樹**に**沿**って**並**んで歩いて行きました。

しばらくして、〈アイリ**株**式会社〉という文字のついた飛行機が見えてきました。

「あの飛行機ですか?」

宗助《そうすけ》は、興**奮**した声でたずねました。

「うん、おれの**勤**務している会社の**専**用機だ。でも許可さえ取れば**私**用でも使えるんだ。」

訪《たず》ねる

時**刻**《じこく》　自**宅**《じたく》

降《お》りる　街路**樹**《がいろじゅ》

沿《そ》う　**並**《なら》ぶ

株式会社《かぶしきがいしゃ》

興**奮**《こうふん》

勤務《きんむ》　**専**用《せんよう》

私用《しよう》

それから、おじさんは、燃料を補給しました。それが終わると、いろいろな装備を点検して、ゆっくり操縦席に座りました。

宗助《そうすけ》も、おそるおそるとなりの席に座りました。

昨日はあんなに楽しみだったのに、いざ乗るとなると、なんだか不安になってきました。

「危なくないですよね。」

宗助《そうすけ》が小さい声でたずねました。

「こわいか?」

「はい、ちょっと。」

「じゃあ、深呼吸しろ。」

おじさんは、肩《かた》をたたきながらそう言って、シートベルトをしました。それから、ドアが閉まっているのを確

補給《ほきゅう》
装備《そうび》
座《すわ》る

危《あぶ》ない

深呼吸《しんこきゅう》

閉《し》める

認して、ちょっと**背骨**を伸《の》ばすような格好をしてから**操縦**を始めました。

ゴーという大きな音がして、機体が動き出しました。それから、どんどんスピードを増して、機体がすうっとうかび上がりました。後ろのシートに押《お》しつけられるように体がかたむきました。気が付くと、**窓**のずっと下の方に道路や川が小さく見えました。

「わあ！　もうこんなに高く上がった！」

宗助《そうすけ》は、興**奮**のあまり、ほほを**紅潮**させてさけびました。

やがて、水平飛行に移りました。ずっと前方に赤く**染**まった不気味な雲が見えました。

「本日は、天気もまずまずだし、**乱**気流もございませ

確**認**《かくにん》　**背骨**《せぼね》

窓《まど》

紅潮《こうちょう》

染《そ》める

乱気流《らんきりゅう》

ん。空からのすばらしい景色を存分にご覧ください。」

おじさんは、ちょっとふざけて、朗らかな声で言いました。それを聞いて、宗助《そうすけ》も、ほっとしました。そしてさっきまでの不安な気持ちがなくなり、楽しい気分になってきました。

「ところで宗助《そうすけ》。お前、何才になったんだ？」

「十二月三十日の誕生日で十二才になりました。」

「じゃあ、四月から中学生か。」

「はい、そうです。」

「将来どんな道に進みたいんだ？」

「それがまだ…。」

「なんだまだ考えていないのか。」

「いや、年末に、学校で班ごとにそれぞれの夢につい

存分《ぞんぶん》　ご覧《らん》
朗《ほが》らか
誕生日《たんじょうび》
班《はん》

て**討論**したところです。**担**任の先生の話も聞いたり…。」

「ああそうか。」

「はい、みんなの夢を聞いて、いろいろ**探**しているところなんです。」

宗助《そうすけ》は、自分に夢がないことがはずかしくて、言い**訳**をしました。

「お前の家の**蔵**のとなりに大きな倉庫があるだろう。あそこは、おれたち兄弟の遊び場だったんだ。ずっと昔は**蚕**を飼っていたそうだけどね。**卵**形のまゆから**純**白の**絹**をとっていたんだ。その倉庫に、昔使っていた足ぶみ式の脱《だっ》**穀**機があって、それでよく遊んだのを覚えているよ。中学生になると、**模**型飛行機を作ったり、**机**も作ったりした。そのうちベッドがほしくなってベッドも作っ

討論《とうろん》　**担**任《たんにん》
探《さが》す
言《い》い**訳**《わけ》
蔵《くら》
蚕《かいこ》　**卵**形《たまごがた》
純白《じゅんぱく》　**絹**《きぬ》
脱**穀**《だっこく》
模型《もけい》　**机**《つくえ》

たことがある。とにかく、ほしい物は何でも自分たちで創ったんだ。そんなことをしながら、お前のお父さんと将来の夢を話したものさ。発明家になろうかなんて言ったり、大工がおもしろそうだなんて言ったりね。ああ、警察官になって泥《どろ》棒をつかまえるんだと言って、筋力トレーニングをしたこともあるぞ。あははは。おもしろかったなあ。」

おじさんは、子どものころを思い出して、なつかしそうに、話をしました。

「ああ、そうそう。去年亡くなったおじいちゃんは、病気じゃなく、事故だったそうじゃないか。」

おじさんが、思い出したように言いました。

「はい、そうです。トイレでこけて骨が折れて、その

創《つく》る　**警**察《けいさつ》官　泥**棒**《どろぼう》　**筋**力《きんりょく》　**骨**《ほね》

折れた**骨**が**肺**にささったんです。何週間も**激痛**が続いて、お母さんとお父さんがつきっきりで**看**病しました。でもだめでした。」

「そうか。親父《おやじ》は**仁**徳のある人だった。おれはあんまり親**孝**行できなかったけど…。それにしても、ほんのちょっとした事故が死に**至**るような大事故につながるものだな。気を付けないとな。」

おじさんは、自分に言い聞かせるように言いました。

その時、突然《とつぜん》**視**界が悪くなりました。水**蒸**気がもくもくと機体を包み、雲が何**層**にも重なって**幕**のように行く手をさえぎりました。

「おじさんだいじょぶですか。何だか急に暗くなったけど。」

肺《はい》　**激痛**《げきつう》
看病《かんびょう》
仁徳《じんとく》
親**孝**行《おやこうこう》
至る《いた》
視界《しかい》　水**蒸**気《すいじょうき》
層《そう》　**幕**《まく》

宗助《そうすけ》は不安そうに言いました。

「ちょっとゆれるけど、心配するな。」

おじさんの言葉が終わらないうちに、機体がガタガタとゆれ始めました。そして、ピカッと**激**しい光に目がくらみました。次の瞬《しゅん》間、機体が大きく前にかたむき、ほとんど**垂**直に下**降**し始めました。**腹**がぎゅうとしめつけられ、内**臓**がえぐられるような感じがしました。

「わあ、助けて！　苦しい！」

宗助《そうすけ》は、さけびました。

機体は、きりもみ状態になる**寸**前に、水平飛行にもどりました。おじさんの**熟**練した**操縦**によって、**困難**な事態をみごとに切りぬけたのです。

「ああ、こわかった。」

激《はげ》しい

垂直《すいちょく》　下**降**《かこう》　**腹**《はら》

内**臓**《ないぞう》

寸前《すんぜん》

熟練《じゅくれん》　**困難**《こんなん》

宗助《そうすけ》はふるえながら言いました。だんだん雲が晴れて、周りが見えるようになりました。

ところが、おじさんはとても**厳**しい顔をしています。さっきから、いろんな計器の**針**を見ているのですが、どうも**納**得いかないようなのです。

厳《きび》しい

針《はり》

納得《なっとく》

「ライフジャケットを着けろ。計器がすべて**誤**作動している。**磁**気コンパスもめちゃくちゃで方向がわからない。こんなことは初めてだ。まるで**穴**にでもすいこまれている感じだ。」

おじさんが早口で言いました。

「このまま落ちてしまうかもしれない。」こんな思いが宗助《そうすけ》の**脳裏**をかすめました。

「とにかく、どこか広い場所を見つけて着陸するしかない。」

おじさんは、こう言って、高度を下げ始めました。

「頭を前にふせろ。」

宗助《そうすけ》は、おじさんの命令に**従**って、頭をふせました。

「さあ、**降**りるぞ。」

誤作動《ごさどう》
磁気《じき》
穴《あな》
脳裏《のうり》
従《したが》う

おじさんがさけぶと、ガタガタと機体がゆれはじめ、ものすごい**砂**ぼこりが上がりました。

「神様お願いです。助けてください！」

宗助《そうすけ》は頭をふせたままいのりました。ようやく、飛行機は停止しました。

「ああ、助かった。」

宗助《そうすけ》が言うと、おじさんは、

「どうだ。たいしたものだろう。いや、自**己**満足かな。」

と言って笑いました。

「それにしても、ここはどこなんですか。」

「それがさっぱりわからん。広島県の北部上空を飛んでいたはずなんだが…。」

砂《すな》
自**己**《じこ》

おじさんは不思議そうに言いました。

宗助《そうすけ》も地図の**縮尺**を手がかりにだいたいの位置を**推**測してみました。

おじさんは地図を指差して、

「おそらくこの区**域**にいるはずなんだが…。」

と言って考えこみました。それから、

「まあ、とにかく、無事着陸できたんだから、ちょっと**腹**ごしらえをしよう。」

こう言うと、バッグの中を**探**しておにぎりと魚の**干**物を取り出しました。

「おっと、その前に、これを…。」

おじさんは、今度は小さなケースを取り出しました。

「一年ほど前に、医者から**糖**尿《にょう》病だと**宣**告されてね。

縮尺《しゅくしゃく》　**推**測《すいそく》
区**域**《くいき》
干物《ひもの》
糖尿病《とうにょうびょう》　**宣**告《せんこく》

それ以来、食事の前には血**糖値**を下げるインスリン注**射**をしなければならないんだよ。」

こう言いながら、**片**腕《うで》のそでを**巻**き上げて、注**射**を始めました。

「最初は、もたもたしたけど、今じゃあもうすっかり慣れて、**簡**単に**処**置できるようになったよ。」

おじさんは、こう言って、注**射**器を元のケースへ**収**めました。

第三章　知らない町

簡単な食事を**済**ませると、二人は、外に出てみました。

「わあ、**暖**かい！」

血糖値《けっとうち》　注**射**《ちゅうしゃ》

片腕《かたうで》　**巻**《ま》き上《あ》げる

簡単《かんたん》　**処**置《しょち》

収《おさ》める

済《す》ます

暖《あたた》かい

宗助《そうすけ》は思わずさけびました。一月だというのに、春のような**暖**かさです。

「これは一体どういうことだ。」

おじさんも不思議そうな声を上げました。それから、小高い山を指さして言いました。

「あの山の**頂**上へ上がってみよう。何かわかるかもしれない。」

二人は、**砂**を**盛**り上げたような山をかけ登りました。小さな山でしたがかなり遠くまで**展**望できました。

「宗助《そうすけ》、あれを見ろ。」

「あれは、町じゃないの？」

「そうだ。あんな所に町がある。行ってみよう。」

二人は、山をかけ**降**りて、町の方向へ向かって歩き出

頂上《ちょうじょう》

盛《も》る

展望《てんぼう》

しました。しばらく行くと、小さな**泉**を見つけました。

「おっ、ちょうどよかった。さっきの着陸の時、すりむいたらしいんだ。」

おじさんは、ズボンのすそをたぐり上げて、ひざの**傷**を**洗**いました。それから二人は、**泉**の水でのどをうるおしました。

「ああ、うまい。まさに力の**源泉**だ。」

おじさんは、自分をはげますように言いました。それからまた、町へと歩き出しました。

町の入り口に来た時、二人は、声を失いました。建物はくずれかけ、電柱はたおれています。道路もあれ果てていました。人の**姿**は全く見えません。

「まるで、大地震《しん》の後のようだ。」

泉《いずみ》　**傷**《きず》　**源泉**《げんせん》

おじさんは、やっと口を開きました。
その時、一台のタクシーが二人の後ろからやって来て、止まりました。
「おい、危ないぞ！　早く乗れ。」
若い運転手が窓を開けてさけびました。二人は、何がなんだかわから

若《わか》い

ないまま、とにかく車に乗りこみました。

「ありがとう。ここはどこだ。これは一体どういうことだ？」

おじさんが話しかけました。

「お前たちは、どこから来たんだ？」

運転手は、質問に答えずに聞き返しました。

「大阪の近くから来た。」

おじさんが答えると、

「大阪だって。それはどこの町だ？」

運転手は、不思議そうに言いました。

「大阪を知らないのか？」

「聞いたこともない。」

「じゃあ、ここは、どこだ？」

「ここは、サリーンだ。」

「聞いたこともない。」

今度は、おじさんが不思議そうに言いました。

「ところで、なぜこんなに町があれているんだ？」

「もちろん、戦争さ。」

こう言うと、運転手は車を止めて、道をふさいでいる鋼材などの障害物を取り除きました。

「ほら、見てみろ。郵便局も消防署も、役所の庁舎も、みんなひどい有様だろ。宗教施設さえあのざまだ。すべて、戦争のせいだ。」

「どうして戦争が起きたんだ。」

「カルダン党が政権を取ったからだ。もともとカルダン党は、戦いを好んだんだが、保守系の諸派の議員がこ

鋼材《こうざい》　障害物《しょうがいぶつ》　除《のぞ》く
郵便局《ゆうびんきょく》　消防署《しょうぼうしょ》
庁舎《ちょうしゃ》　宗教《しゅうきょう》
党《とう》　政権《せいけん》
系《けい》　諸派《しょは》

れと同**盟**関係を結ぶようになり、急に勢力を**拡**大したんだ。それからずっと内戦が続いている。あそこの石**段**の上には、もともと**城**があり、**貴**重な**遺**跡《せき》だった。でも、今はあのとおり、さんざんな状態だ。国の**宝**も何もなくしてしまった。独**裁**政治のこわさだ。」

運転手の男は、早口で今の政治を**批**判しました。

その時、バーンという音と共に、車のサイドミラーが**割**れてふっ飛びました。

「ふせろ！　くそ、やられた。流れだまだ。」

男は、ブレーキをふんでから言いました。

「おじさん。こわいよ。」

宗助《そうすけ》は今にも泣き出しそうな声で言いました。

「それにしても、おれたちはどこに迷いこんだんだ。

同**盟**《どうめい》　**拡**大《かくだい》
石**段**《いしだん》
城《しろ》　**貴**重《きちょう》　**遺**跡《いせき》
宝《たから》
独**裁**《どくさい》
批判《ひはん》
割《わ》れる

あっ、今何年だ？」

おじさんは、男にたずねました。

「今年は、二〇〇八年だ。」

「同じか。年は同じなのに、世界が全くちがう。あっ、もしかしたら…。」

「おじさん、もしかしたらどうなの？」

宗助《そうすけ》はじっとおじさんの顔を見てたずねました。

「もしかしたら、パラレルワールドかもしれない。」

「パラレルワールドって？」

「**並**行**宇宙**と言うんだが、何かのひょうしに**宇宙**に開いた**異**次元空間へ通じる**穴**に落ちこんで、もう一つの**宇宙**に来てしまったんだ。」

「えっ、そんなことが…。そんなこと冗談《じょうだん》でしょう。」

並行《へいこう》
異次《いじ》元《げん》

宗助《そうすけ》は、心の中でおじさんの話を**否**定しました。

「おれを**疑**っているのか。だが、他に説明がつかないだろう。」

おじさんは、声を低くして言いました。

「おじさん、帰りたいよ。」

宗助《そうすけ》は、とうとう泣きだしました。

「そうだな。こんな所にぐずぐずしておれない。もう一度あの**穴**に入るしかない。運転手さん、悪いが、町はずれの広場まで行ってくれないか。」

「よし、わかった。」

運転手の男は、こう言って、車を走らせました。飛行機の近くまで帰ってくると、おじさんは、運**賃**をはらって、礼を言いました。

否定《ひてい》
疑う《うたが》
運**賃**《うんちん》

「本当に人間の欲は、おそろしい。権力のおよばない聖域があると思っていたが、そんなものはない。人間は誤りをおかすものだ。だから、正しい法律が必要なんだ。まあ根気よく改革していくしかない。じゃあ気をつけてな。」

男は、こう言い残して去って行きました。

「こわそうだが、誠実で、なかなかの善人だ。」

おじさんが、つぶやきました。

第四章　運を天に任せる

おじさんは、操縦席に座って、燃料などの点検をしま

欲《よく》　権力《けんりょく》
聖域《せいいき》
誤《あやま》り　法律《ほうりつ》
改革《かいかく》

誠実《せいじつ》　善人《ぜんにん》

した。

「よし、じゃあ、やってみよう。これといって、良い**方策**があるわけじゃないが…。」

おじさんは、こう言って、**操縦**を始めました。

「確かこの辺で、**異変**が起きたんだが…。」

「どうか、帰れますように。」

宗助《そうすけ》は、目をつぶって、いのり続けていました。

「だめだ。もう一度やってみよう。」

おじさんは、引き返して、もう一度同じコースを飛行しました。

「だめだ。何の変化もない。やっぱり無理か。」

「ええ、そんな。おじさん、もう一度やってみてください。」

方策《ほうさく》
異変《いへん》

宗助《そうすけ》は、手を合わせて言いました。

「よし、もう一度だ。ただしもう燃料が少ない。これが最後だ。」

おじさんはこう言うと、再び機体を旋《せん》回させました。その時、ピカッとまぶしい光に包まれ、機体がかたむきました。

「やった！　あの時と同じだ。」

おじさんが声を上げました。

周りが暗くなり、しばらく、**穴**にすいこまれるように飛行した後、水平飛行にもどりました。

「やったぞ！　宗助《そうすけ》、ほら見てみろ、美しい町だ！」

「えっ、本当！　本当にもどれたの。やった！　やったよ、おじさん。助かったんだ。家に帰れるんだ。」

宗助《そうすけ》は、**我**を**忘**れてさけびました。

やがて、飛行機は、**郷**里の上空へさしかかりました。

そして、朝出発した飛行場に無事着陸したのです。

宗助《そうすけ》は、車を運転するおじさんの横顔を**尊敬**の眼差《まなざ》しで見つめました。そして、あの運転手の「人間はまちがいをおかすものだ。だから、正しい法**律**が必要だ。」と

我《われ》　**忘**《わす》れる
郷里《きょうり》
尊敬《そんけい》

いう忠告を思い出していました。

その時、学校で習ったことのある、戦争を歌った歌の歌詞がふっと宗助《そうすけ》の頭にうかびました。その歌の歌詞を何度も心でくり返しているうちに、車は自宅へ着きました。

さて、それから三日後のことです。

「ここで臨時ニュースをお伝えします。福丸総理は、内閣支持率の低下を受けて、衆議院の解散を決断しました。」

テレビを見ていた宗助《そうすけ》は、ドキッとして、お父さんの部屋へ行きました。

「お父さん、衆議院が解散だって。」

「えっ、ついに解散か。それにしても、お前、いつか

忠告《ちゅうこく》
歌詞《かし》
臨時《りんじ》
内閣《ないかく》　衆議院《しゅうぎいん》

ら政治に興味を持つようになったんだ。」

お父さんは、少しうれしそうに言いました。そして、本だなから、『子どものための日本国**憲法**』（井下《いのした》ひさお**著**）という本を取り出して、宗助《そうすけ》に手わたしました。

翌朝、宗助《そうすけ》の短**冊**には、〈**将**来の夢は、法**律**の勉強をすること〉と書かれていました。

憲法《けんぽう》　**著**《ちょ》

『パラレルワールド』に出てくる漢字

（六年生の学習漢字一八一字）

【第一章】

冷**蔵**庫
牛**乳**
提**供**
姿
映る
皇居
天**皇**
皇后
両**陛**下
演**奏**

奏者
指**揮**
参**拝**者
俳優
歌**劇**
将来
一**枚**
短**冊**
裏返す
呼ぶ
雑**誌**

亡くなる
宇宙
就職
幼い
捨てる
灰皿
吸う
操縦
届く
暮れ
延期

秘密
晩

【第二章】

翌朝
洗う
胸
訪ねる
時**刻**
自**宅**
降りる

街路**樹**
沿う
並ぶ
株式会社
興**奮**
勤務
専用
私用
補給
装備
座る
危ない
深**呼吸**
閉める

確**認**
背骨
窓
紅潮
染める
乱気流
存分
ご**覧**
朗らか
誕生日
班
討論
担任
探す

言い訳
蔵
蚕
卵形
純白
絹
脱《だっ》穀
模型
机
創る
警察
泥《どろ》棒
筋力
骨

肺
激痛
看病
仁徳
親孝行
至る
視界
水蒸気
層
幕
激しい
垂直
下降
腹

内臓
寸前
熟練
困難
厳しい
針
納得
誤作動
磁気
穴
脳裏
従う
砂
自己

縮尺
推測
区域
干物
糖尿《にょう》病
宣告
血糖値
注射
片腕《うで》
巻き上げる
簡単
処置
収める

【第三章】
済ます
暖かい
頂上
盛る
展望
泉
傷
源泉
若い
鋼材
障害物
除く
郵便局

消防署
庁舎
宗教
党
政権
系
諸派
同盟
拡大
石段
城
貴重
遺跡《せき》
宝

独**裁**
批判
割れる
並行
異次元
否定
疑う
運**賃**
欲
権力
聖域
誤り
法**律**
改**革**

誠実
善人
【第四章】
方**策**
異変
我
忘れる
郷里
尊敬
忠告
歌**詞**
臨時
内**閣**

衆議院
憲法
著

【著者紹介】

井上 憲雄（いのうえ・のりお）

1957年、兵庫県美方郡香美町に生まれる。1981年、関西学院大学文学部卒業。その後兵庫県内の小学校に勤務。2005年、聖徳大学大学院児童学研究科博士前期課程を修了、現在、養父市立養父小学校に勤務。学校体育研究同志会、文芸教育研究協議会などに所属。著書に、『学校・家庭・地域で「育てる」学力』（桐書房　2004年）、『輝け！　12歳 希望への挑戦』（本の泉社　2007年）、『小学校学習漢字1006字がすべて書ける漢字童話　ドリル版1、2、3年生用』（本の泉社　2010年）、『小学校学習漢字1006字がすべて書ける漢字童話　ドリル版4、5、6年生用』（本の泉社　2010年）、『新常用漢字1130字がすべて読める中・高校生の漢字童話　貧乏神は福の神』（2011年）など。

小学校《しょうがっこう》学習《がくしゅう》漢字《かんじ》1006字《じ》が
すべて読《よ》める漢字《かんじ》童話《どうわ》

発行　2009年6月15日　初版第一刷
　　　2015年11月25日　初版第九刷

著者　井上 憲雄

発行人　比留川 洋

発行所　株式会社 本の泉社
〒113-0033
東京都文京区本郷2-25-6
電話：03（5800）8494
ファクシミリ：03（5800）5353
mail@honnoizumi.co.jp
http://www.honnoizumi.co.jp/

印刷　音羽印刷 株式会社

製本　音羽印刷 株式会社

ISBN978-4-7807-0442-6　C6037